de: Caroline
Juillet-18-2013

TROUBLES BIPOLAIRES, OBSESSIONS ET COMPULSIONS

Dr ÉLIE HANTOUCHE

TROUBLES BIPOLAIRES, OBSESSIONS ET COMPULSIONS

Les reconnaître et les soigner

© ODILE JACOB, JANVIER 2006
15, RUE SOUFFLOT, 75005 PARIS
www.odilejacob.fr

ISBN 978-2-7381-1611-6

Le Code de la propriété intellectuelle n'autorisant, aux termes de l'article L. 122-5, 2° et 3°a, d'une part, que les « copies ou reproductions strictement réservées à l'usage privé du copiste et non destinées à une utilisation collective » et, d'autre part, que les analyses et les courtes citations dans un but d'exemple et d'illustration, « toute représentation ou reproduction intégrale ou partielle faite sans le consentement de l'auteur ou de ses ayants droit ou ayants cause est illicite » (art. L. 122-4). Cette représentation ou reproduction, par quelque procédé que ce soit, constituerait donc une contrefaçon sanctionnée par les articles L. 335-2 et suivants du Code de la propriété intellectuelle.

INTRODUCTION

La double folie

Parle-t-on toujours de « folie » au XXIe siècle ? Dans le temps, on désignait toutes les maladies mentales par « folie ». La bipolarité était appelée « *folie circulaire* » ou « *folie à double forme* » et le TOC par « *folie du doute* » et « *délire de toucher* ». Il ne s'agit en aucun cas, de ma part, de redéfinir un trouble mental par une « folie », car, depuis des années, je lutte et milite avec les patients obsessionnels et bipolaires contre les stigmas de la maladie mentale. Cependant la réalité parfois catastrophique que vivent les patients qui présentent la comorbidité « TOC bipolaire » et subissent la formation insuffisante des cliniciens peut suggérer le terme de « *double folie* » :

- une « *première folie* » car les patients ont attendu de nombreuses années avant de connaître la nature exacte de leur trouble. Les enquêtes françaises ont montré que les patients souffrant de TOC attendent en moyenne douze ans avant d'être reconnus comme tels et, pour les cyclothymiques (formes mineures de bipolarité), un délai de plus de dix ans est rapporté dans plus de 50 % des cas ;
- une « *deuxième folie* », car une fois le diagnostic fait, ils constatent l'aggravation de leur état sous l'effet des

traitements censés les soigner. Aggraver un trouble en pensant le soigner avec la meilleure intention, c'est la double folie !

L'intitulé « *double folie* » concerne également les sujets qui en fait souffrent simultanément de plusieurs troubles mentaux, ce qu'on appelle actuellement « troubles comorbides », « comorbidité psychiatrique » ou « double diagnostic ». L'association fréquente entre anxiété et dépression a eu le plus de succès jusqu'à présent, car elle est visible, sans tabou (plus personne n'a peur d'en parler !) et cliniquement logique. Beaucoup de sujets anxieux vont déprimer un jour et la majorité des dépressifs sont en même temps anxieux. Déjà le fait d'être dépressif est un événement stressant en soi, et être anxieux sur de longues périodes provoque un état de démoralisation et de dépression. Parallèlement au concept de « double diagnostic », s'est développé le concept de traitement unique (ou commun) pour les troubles anxieux et dépressifs. Les études contrôlées récentes révèlent que ces troubles, bien que cliniquement différents, sont sensibles à une même famille de psychotropes, les antidépresseurs, notamment la famille des ISRS ou inhibiteurs sélectifs de recapture de sérotonine. À travers le succès phénoménal de ces médicaments, un trouble original et effrayant, longtemps négligé par la médecine, a émergé de son silence. C'est le TOC, trouble obsessionnel compulsif (ou l'ancienne névrose obsessionnelle), qui s'est avéré uniquement sensible à ce type d'antidépresseurs.

Cependant, le TOC est rarement un trouble isolé. Dans ses formes comorbides, il existe une variante spéciale dans laquelle le TOC cohabite avec le trouble bipolaire (ancienne psychose maniaco-dépressive). Cette comorbidité ou double diagnostic passe pratiquement inaperçue au regard des cliniciens. J'ai eu l'occasion d'examiner plusieurs enfants diagnostiqués comme « TOC » par des experts travaillant dans des centres hospitaliers les plus prestigieux de France. Dans les suites des traitements instaurés pour TOC, ces enfants ont été aggravés. Ce qui me choquait le plus en consultant les dossiers médicaux, c'était de lire les constats des experts : « enfant impoli », « réaction hystérique », « cet enfant fait exprès pour attirer l'attention », « trouble atypique », « début d'une schizophrénie infantile », « trouble assez rare », ou tout simplement « c'est juste un passage ; laisser cette enfant tranquille, c'est aux parents de se soigner eux-mêmes »… Les prescriptions données à ces enfants étaient révoltantes, parfois, plus de cinq médicaments à des doses importantes et sans résultat ! Il est temps de réagir pour changer cette réalité insupportable. Des ouvrages sur le TOC sont déjà disponibles pour le grand public. Mais, là aussi, une grande déception : aucun mot ni sur la bipolarité ni sur la cyclothymie associées au TOC !

L'expérience clinique auprès de centaines de cas résistants m'a permis de constater que les troubles bipolaires et anxieux se croisent fréquemment, parfois se superposent pour former une véritable connexion complexe, le « TOC bipolaire ». Dans cet ouvrage, le lecteur sera familiarisé avec le TOC (et d'autres troubles apparentés), la bipolarité (avec la dépression) et la comorbidité des deux. L'ouvrage sera conçu à l'aide des histoires cliniques de patients. Il montrera que ce phénomène n'est pas inconnu dans l'histoire de la psychiatrie française, mais seulement passé inaperçu. Une synthèse de la recherche clinique actuelle permettra de faire connaître l'opinion des experts contemporains et de développer ainsi une approche thérapeutique spécifique.

La comorbidité en psychiatrie

Ce livre est dédié aux sujets qui souffrent de plus d'un trouble mental, qui présentent une comorbidité psychiatrique. La plus connue actuellement est l'anxio-dépression. La personne souffre en même temps ou successivement d'un trouble anxieux (comme des obsessions, des peurs, des crises de panique, des soucis excessifs, une phobie sociale ou un stress post-traumatique) et d'un trouble dépressif. Actuellement, cette comorbidité est au mieux soignée par les antidépresseurs, qui sont efficaces sur la dépression et les troubles anxieux. Les inhibiteurs sélectifs de recapture de sérotonine (ISRS), comme le Prozac® et autres sont les plus prescrits dans ce contexte. Cependant, un nombre non négligeable de sujets ayant goûté aux ISRS n'ont pas apprécié le parfum de la sérotonine ni obtenu l'effet promis, le « bonheur sur ordonnance ». En revanche, leur état était radicalement métamorphosé avec des phénomènes extraordinaires comme se sentir en grande forme, « mieux que bien », bourré de projets, tout est à portée de main, la vie est trop belle... mais ils rechutaient. Pour d'autres, leur état était inlassablement résistant, même en prenant plus de quatre ou cinq antidépresseurs, ou pire aggravé par des phénomènes de colère, d'insomnie, de pulsions agressives ou suicidaires... Certains déclaraient même qu'ils se sentaient « violés » par ces antidépresseurs. D'autres étaient reconnus sous l'effet de ces traitements comme hystériques, colériques, hostiles, borderline, hyperactifs, ou psychotiques. Et, à partir de là, de longs séjours en milieu psychiatrique, des traitements assez lourds, des handicaps dans la vie sociofamiliale !

La recherche dans le trouble obsessionnel compulsif (TOC) a commencé au moment de l'apparition des ISRS. Ces médicaments se sont vite avérés un remède « miracle » pour cette affection réputée rare à l'époque, de diagnostic tardif et difficile à soigner. Actuellement, le TOC est devenu une maladie presque « populaire » ; tout le monde sait ce que le TOC signifie et les médias abordent souvent ce sujet. Progressivement, ces remèdes ont malgré eux sélectionné des cas de TOC difficiles et résistants ou aggravés par ces traitements. C'est en traitant ces cas que l'on a pu découvrir une comorbidité « cachée », c'est-à-dire la cooccurrence d'un autre trouble, la bipolarité. Ainsi, une large proportion de sujets anxieux, phobiques et dépressifs, déclarés difficiles ou réfractaires présentent conjointement un trouble de l'humeur de nature bipolaire ou maniaco-dépressif. Il s'agit d'un large spectre complexe de dérèglements de l'humeur, des émotions, des pensées et des comportements, qui se font de manière alternée dans le sens de la dépression (les « bas ») et le sens de l'excitation (les « hauts »). Comme le TOC, le trouble bipolaire n'est malheureusement repéré que dans ses formes sévères classiques désignées antérieurement par psychose maniaco-dépressive (PMD). Sa méconnaissance expose le sujet, apparemment dépressif, anxieux ou obsessionnel, à de nombreux risques, dont le suicide, la résistance aux traitements conventionnels de l'anxio-dépression ou l'aggravation induite par les traitements. Le bilan montre un constat mitigé : des patients miraculeusement guéris et d'autres résistants ou aggravés. Leur grand succès est en fait l'ennemi de ces traitements et peut conduire à des consommations intempestives.

Il est temps de faire le point sur le « TOC bipolaire » en partant de la comorbidité anxiodépressive, Des cas cliniques avec des histoires étonnantes, des vécus poignants ou des évolutions « miraculeuses » seront présentés pour illustrer la complexité de ces troubles psychiques et le risque de méconnaître la souffrance psychique. Cet ouvrage est le fruit de vingt années d'expertise clinique dans le double domaine difficile du TOC et de la bipolarité.

Ma triple histoire avec la « double folie »

L'histoire de la « double folie » comporte en fait trois épisodes que j'ai vécus en tant que psychiatre expert des troubles anxieux et de l'humeur.

En 1985, j'ai décidé de consacrer mon activité clinique sur les troubles obsessionnels compulsifs, qu'on désigne par « TOC ». Très vite on m'a collé l'étiquette de « Médecin Toqué », « Monsieur TOC », « le DOC des TOC » (c'est une de mes patientes qui utilisait cette étiquette) ou « TOC, TOC, TOC... qui est là ? ». Édouard Zarifian fut un des rares universitaires à croire au TOC. Son soutien grâce à des bourses de recherche a facilité mon initiation dans cette maladie fascinante, complexe et réputée réfractaire aux traitements.

La même année, j'ai fait la rencontre du professeur Hagop Akiskal, à l'époque, directeur du centre de l'humeur à l'Université de Memphis au Tennessee. Il est une des références médicales mondiales sur les troubles bipolaires et les dépressions chroniques. Cette rencontre a permis des échanges d'opinion sur les points « faibles » de la psychiatrie dans les années 1980, en particulier sur les carences nosologiques et cliniques dans les troubles bipolaires et anxieux. On était tous les deux d'accord sur le fait que l'entité « dépression majeure » était la meilleure et, en même temps, la pire invention des DSM (*Manuel diagnostique et statistique des troubles mentaux*) depuis la troisième version ou DSM-III en 1980. Ces manuels classent les maladies psychiatriques. C'est la « meilleure » car elle a ouvert un marché énorme pour les antidépresseurs (quoi qu'on dise c'est une vraie réussite) et la pire car elle ne représente qu'une nébuleuse qui cache des troubles plus spécifiques, dont la bipolarité, le TOC et plusieurs autres troubles traités actuellement par antidépresseurs. Ainsi mes recherches cliniques et thérapeutiques sur le TOC ont été parallèlement associées à la bipolarité. Je me suis donc intéressé au spectre bipolaire sous l'impulsion des idées et de l'enseignement du professeur Akiskal. Les deux histoires du TOC et de la bipolarité ont suscité, chacune de leur côté, très lentement mais progressivement un intérêt croissant auprès des cliniciens.

La troisième histoire commence vers le milieu des années 1990. C'est l'histoire qui combine les deux précédentes. Pour moi et pour certains patients, il était évident et logique de combiner les deux troubles, TOC et bipolarité, pour mieux capter la vraie nature de leur longue et mystérieuse souffrance. Rapidement des patients venant de toutes les régions de France me furent adressés à l'hôpital Sainte-Anne. Le mot magique pour être sélectionné dans ma consultation était « TOC résistant ou difficile ». Beaucoup de cas étaient jugés comme des TOC dépressifs « pourris » (ce qui signifie dans notre jargon de psy « chroniques et réfractaires »), des hystéro-phobo-obsessionnels, des schizophrènes pseudo-névrotiques, des psycho-névroses invalidantes, des personnalités borderline, des pervers... En d'autres termes, c'étaient des patients réfractaires ou simplement des « casse-pieds » !

Aujourd'hui, avec le recul, cette triple histoire me paraît plus simple à raconter, surtout depuis les publications, en 2002, des résultats de l'enquête « ABC-TOC » réalisée grâce à la collaboration des adhérents de l'Aftoc, l'Association française des TOC. Cette enquête représente une première mondiale ! Nous y reviendrons.

Des patients « triplement punis », l'histoire de Claire

Ce livre pourrait s'intituler *Le Fabuleux Destin de Claire*. Son histoire édifiante illustre la double folie qui va nous accompagner tout au long de cet ouvrage, plein de rebondissements et de surprises. À mon sens, elle est exemplaire et fourmille de détails utiles pour comprendre les conséquences de la bipolarité sur l'évolution d'un TOC ayant débuté à un âge très précoce et surtout c'est un message d'espoir pour les jeunes enfants souffrant de TOC.

➤ *Le TOC commence à 2 ans*

Les manifestations du TOC se sont ouvertement déclarées avec d'étranges et irrésistibles manies de répétition, de lavage, de symétrie et de rangement, qui l'ont, peu à peu, coupée du monde. Elle est le deuxième enfant d'une fratrie de trois. Les parents sont fiers d'elle et la décrivent comme un diablotin énergique et très éveillé (on verra plus loin la valeur de cette information). La première consultation psychiatrique a eu lieu à l'âge de 2 ans.

Ce n'est que vers l'âge de 6-7 ans qu'un pédopsychiatre apprend à la mère que sa fille souffre d'un trouble obsessionnel compulsif, autrement dit, un TOC. Pour la première fois, on mettait un nom sur le comportement qui emprisonnait cette enfant. Son TOC consistait à multiplier des manies apparemment bizarres, leur consacrant un peu plus de temps chaque jour, comme se laver les mains cent fois dans la journée, ne jamais poser le pied sur la petite ligne entre les dalles du trottoir, toucher deux fois les arbres sur ses trajets... Après des années d'errance de médecin en médecin, la mère fut soulagée d'apprendre que sa fille souffrait d'une vraie maladie. Son regard sur sa fille a changé et elle se sentait prête à l'aider car elle n'était plus la mère présumée coupable. « *Ta bataille sera désormais la mienne.* »

➤ *Le premier médicament est prescrit à 7 ans*

C'est l'aggravation progressive du TOC qui va poser l'indication des médicaments. En effet, Claire utilisait quatre serviettes de toilette après chaque bain, ne portait que les tee-shirts rangés au milieu d'une pile de vêtements, les autres étant jugés « sales »... Elle commençait à faire des choses encore plus bizarres. Par exemple elle balançait ses cheveux sur les objets touchés ou faisait des bruits de reniflement... Par la suite on comprit que Claire ne voulait pas laisser ses traces sur les objets qu'elle touchait. Alors elle essayait de récupérer ses « petites particules » laissées par la sueur de ses mains ou rejetées par sa respiration, en balançant les cheveux ou en inspirant le plus fort possible. Voir un enfant faire ces gestes totalement absurdes est un vrai casse-tête pour les parents.

Sa maladie avec ces rituels mystérieux continuait de dévorer sa vie. Elle dînait à une place attitrée, s'installant inconfortablement, le buste collé à la table, ne buvait que dans un verre particulier qu'il n'était pas question de remplacer. Elle faisait une scène si, par inadvertance, quelqu'un déplaçait le moindre de ses vêtements. Cette attitude inexplicable agaçait la famille et tous les moments de plaisir étaient pulvérisés par ses réactions violentes. La mère précisait : « Nous n'y voyions qu'un jeu absurde, un défi lancé à elle-même. Pourquoi se lavait-elle si souvent les mains en s'arrêtant pile aux poignets, pour quelle raison remontait-elle ses chaussettes sur ses petits mollets dans une symétrie scrupuleuse… ? C'était insoluble, préoccupant et angoissant ! Moi, je me sentais nulle, défaillante vis-à-vis de ma fille. D'autant que mon entourage répétait souvent que notre fille s'était inventé tout cela pour attirer l'attention. »

La clomipramine (Anafranil®) a été son premier traitement. Ce médicament n'a eu aucun effet sur les manies, mais a permis l'instauration d'un vrai dialogue avec la mère. Claire expliquait à sa mère qu'elle ne reprenait ses rituels qu'à la maison pour éviter qu'on la traite de folle à l'école. Sa lucidité et son combat étaient étonnants. Le médecin avait par ailleurs noté une réelle précocité chez Claire. Malgré le passage dans une classe pilote pour élèves intellectuellement précoces, les TOC ont repris avec une violence accrue. Elle ouvrait quatre fois une porte avant de sortir, seize fois si on interrompait ce scénario, coiffait ses cheveux et coupait toutes les mèches qui dépassaient. Ses soins d'hygiène l'occupaient deux heures chaque matin. Sur le chemin de l'école, elle refaisait plusieurs fois son trajet. Le psychiatre a préconisé l'hospitalisation de Claire afin de déterminer plus précisément les médicaments et les dosages adaptés à son cas.

▶ *Dix mois d'hospitalisation sans résultat entre 10 et 12 ans*

En deux ans, elle a passé plus de dix mois à l'hôpital. En pure perte, les parents étaient toujours en face du même problème. Entre-temps, en 1997, pour être au cœur du problème de façon constructive, la mère s'est présentée comme membre du conseil administratif de l'association Aftoc, où elle va rapidement créer l'antenne enfants/adolescents.

Claire était une jeune fille de 12 ans quand je l'ai vue la première fois.

> « ... Quand j'avais mes TOC, je n'avais pas conscience d'être malade. J'avais juste le sentiment d'être différente, car on me prenait simplement pour une cinglée à l'école. Ne pas faire mes TOC, multipliait mon sentiment d'angoisse. Et avec mes petites manies, je faisais fuir tout le monde. Du coup, j'étais toujours seule, sans amies. Quand mon psy a pensé que j'étais une enfant précoce, cela a contribué à m'éloigner des autres. J'étais très introvertie. À la maison, c'était dur. Quand je n'arrivais pas à réaliser mes rituels, je pleurais puis je hurlais. Je ne pouvais pas me laisser aller à des états d'âme puisque je passais ma vie, tout à fait inconsciemment, à lutter contre l'angoisse. Car si le TOC est une angoisse, ne pas répondre à l'obligation de ritualiser est encore pire. C'est le drame du TOC, une spirale de galères sans fin.
>
> « J'étais convaincue que la thérapie comportementale et cognitive quand elle a commencé devrait m'aider beaucoup, car elle était censée m'inciter à faire le contraire de ce que les TOC m'obligeaient de faire. Par exemple, puisque j'avais horreur de la saleté, il fallait que je l'affronte en me salissant les mains et en luttant contre le besoin obsessionnel de me laver. Contre le TOC des cheveux, j'ai pensé me faire couper les cheveux, comme ça, je coupais net les rituels de balancement des cheveux... Comme mon TOC

était sévère, on me donnait des antidépresseurs pour pouvoir surmonter ma déprime et mes angoisses. J'ai mal toléré l'Anafranil® (je dormais en classe et j'avais beaucoup de vertiges). Le mieux toléré était le Zoloft®, mais malheureusement pas pour longtemps. »

Quand je lui demandai de remplir le questionnaire du tempérament cyclothymique, j'ai vu ses yeux se mettre à briller. Elle s'exclama : « Mais c'est moi ce truc de cyclothymie ! Mais en fait, c'est quoi la cyclothymie ? Le TOC, je m'y connais un peu, mais ces questions définissent bien quelque chose en moi. »

L'histoire de Claire n'est pas finie ; l'évolution capricieuse et imprévisible sera présentée dans les chapitres qui suivent.

La jeune Claire et beaucoup d'autres patients sont triplement punis :

- une première fois par la maladie dont les manifestations sont les plus terribles en psychiatrie ; il suffit de se mettre à sa place et d'imaginer vivre quelques instants ces phénomènes obsessionnels et ces rituels interminables ;
- une deuxième fois par la méconnaissance de l'identité du trouble, donc de longues années perdues de souffrance pour l'enfant et sa famille qui se retrouve souvent désemparée, mal comprise, déçue, désespérée et enfin isolée. Claire a débuté son TOC à l'âge de 2 ans et passé plusieurs années dans l'ignorance ;
- troisième « punition » : alors que la maladie est enfin repérée et traitée, des complications peuvent être induites par les traitements prescrits pour soulager le TOC.

Assister à la répétition de ces réalités pénibles, vous pousse parfois à la révolte, mais contre qui ? Qui est le responsable ?

La grande valse de l'épidémiologie psychiatrique

Certains cliniciens psychiatres affirment n'avoir jamais vu un seul cas de TOC bipolaire ! Faut-il voir pour croire ou croire pour voir ?

Les enquêtes épidémiologiques nous révèlent, de manière constante, que les patients souffrant d'un seul trouble mental sont presque l'exception. Par contre les cas qui souffrent de deux troubles ou plus représentent la règle. Le TOC touche environ 2 à 3 % de la population et le trouble bipolaire concerne au moins 5 % de la communauté. Si l'on se réfère aux chiffres classiques de 1 % pour la bipolarité et de 0,5 % pour le TOC, la prévalence des cas comorbides sera estimée à 0,5 par 10 000, soit *0,005 %,* donc un phénomène quasi exceptionnel. D'ailleurs, les experts psychiatriques universitaires n'en parlent jamais et les dizaines d'ouvrages récents, consacrés à ces troubles, ne mentionnent même pas une fois cette comorbidité. Alors pourquoi consacrer un ouvrage à une cible aussi rare ? C'est simplement à cause de récents constats sur des réalités cliniques et épidémiologiques totalement inattendues :

- plus de 50 % des TOC seraient cyclothymiques (ou bipolaires), soit 1 à 1,5 % de la population (environ 600 000 sujets) ;
- entre 20 et 40 % des bipolaires présentent un TOC, donc 1 à 2 % de la population.

On constate alors à quel point les chiffres de prévalence des troubles psychiatriques peuvent changer : passer de 0,005 % (avec les conceptions classiques) à 1-2 %, soit une variation de 200 à 400 fois plus ! C'est la grande valse de l'épidémiologie psychiatrique qui danse au rythme des critères utilisés pour définir les troubles, des conceptions théoriques des troubles et surtout des méthodes de recueil des données auprès des sujets.

De tels constats ne sont pas du tout anodins car, du moment où la prévalence ponctuelle d'un trouble est voisine de 2 %, on a le droit de parler d'une épidémie. Alors qu'avec un chiffre de 0,005 %, on parle plutôt d'une curiosité médicale qui ne fera l'objet que de rapports de cas isolés.

Il est nécessaire de mettre un nom sur la souffrance

Les patients ont besoin de se situer dans leur maladie, mais à condition qu'elle soit correctement dévoilée. Cadrer la souffrance en lui donnant un nom approprié est une étape initiale pour amorcer un processus thérapeutique. L'inverse est aussi vrai : traiter un patient sans avoir obtenu au préalable un diagnostic précis peut être hasardeux, voire dangereux. Un grand nombre de patients ont besoin de comprendre ce qui leur arrive. Ils savent, dès le début de leur maladie, qu'ils sont différents des autres. Ils sont souvent obligés de dissimuler leurs gestes compulsifs absurdes (comme dans le cas de la jeune Claire), mais ignorent que ces pensées et gestes répétitifs représentent une vraie maladie. Dans les cas où les frontières des comportements compulsifs avec les habitudes excessives ne sont pas clairement dessinées, les patients n'acceptent pas l'étiquette de « maladie mentale », car ils sont convaincus qu'ils ne sont pas fous. Le besoin de comprendre sa souffrance se fait maintenant *via* Internet, en adhérant à des associations de patients ou simplement en consultant son médecin. Internet et les associations apportent un changement dans les mentalités des patients souffrant de troubles anxieux et thymiques, et les médecins doivent en tenir compte.

Dans les chapitres qui vont suivre, nous allons détailler un trouble anxieux particulier, le TOC et les troubles bipolaires. Par la suite, la connexion entre les deux sera explorée et expliquée, avant d'aborder le chapitre thérapeutique. Il est nécessaire de bien comprendre cette comorbidité particulière pour traiter tout un ensemble de troubles psychiatriques qui, pour l'instant, sont peu connus et soignés de manière inadaptée.

CHAPITRE PREMIER

Le TOC, une maladie souvent invisible

Le TOC, une maladie que l'on cache

Alain, 12 ans, doit répéter 133 fois un mot avant de l'écrire. Romane, 8 ans, se plaint que sa tête lui fait voir des choses ridicules comme des sexes à la place des portraits de ses parents. Mathilde, 32 ans, passe la plus grande partie de son temps à se frotter les mains et le corps. Claire, 28 ans, brillante directrice d'une entreprise de produits électroniques, est victime de pensées comme « couper les gens en rondelles ». Christian, 35 ans, cadre supérieur dans une agence de pub, a la manie de vérifier si tout fonctionne bien dans sa voiture. Il a poussé loin ses manies jusqu'à tourner plus de 360 fois autour de sa voiture pour vérifier l'alignement des pneus, la fermeture des portières et des fenêtres. Marylise, 45 ans, doit tout faire 8 fois : « Dans mon esprit, il y a des nombres, des multiples de 8. » Georges, 55 ans, reconnu déficient mental est sous curatelle depuis l'âge de 23 ans. Son problème majeur, c'est de ne rien jeter et pire de vider les poubelles du quartier et d'apporter le contenu chez lui. Antoine, 82 ans, est, depuis l'âge de 8 ans, contraint de tout vérifier.

Les cas cités ont en commun un TOC, un trouble apparemment curieux, qui vous prend la tête tous les jours. Un trouble honteux, car il vous oblige à faire des choses absurdes, ou il bombarde votre esprit avec des idées ou des images méchantes ou affreuses. Donc, un trouble qu'on est contraint de cacher et de combattre, sous peine de paraître ridicule, fou ou débile aux yeux des autres. Et là c'est le drame, une lutte interminable qui vous plonge dans une spirale vicieuse, soit on lutte contre le TOC, soit on lui cède, et, dans les deux cas, on s'enfonce et on souffre. Un trouble qui souvent devient un « fidèle compagnon », parfois sur toute une vie, comme dans le cas d'Antoine. Nul ne peut comprendre la force tenace des TOC. Les enfants parlent de « monstres », ou de « ronds dans ma tête ». Les patients victimes de ces phénomènes souhaitent une seule chose : ne pas être jugés, ils veulent qu'on les soutienne et qu'on les aide dans leur démarche pour quitter cet enfer quotidien. Une longue expérience clinique, durant laquelle j'ai été amené à soigner plus de 800 TOC, m'impose de ne jamais dire à un patient : « Je vous comprends », car c'est impossible de comprendre un TOC, à moins de présenter le même TOC.

Il a fallu attendre la fin des années 1980 pour que la recherche moderne s'intéresse de nouveau au TOC, grâce à la confirmation de l'efficacité d'un antidépresseur, la clomipramine (Anafranil®). Là aussi, on a assisté à un miracle, celui du « chlore ». Il a suffi d'ajouter un chlore à la molécule de l'imipramine (premier antidépresseur tricyclique puissant mais peu efficace sur le TOC) pour obtenir la clomipramine (ou chlore-imipramine), une molécule nettement plus puissante et surtout active sur la sérotonine. Elle agit en bloquant la recapture de la sérotonine au niveau de cellules du cerveau et facilite ainsi l'activité sérotoninergique qui, on le sait maintenant, a un rôle déterminant dans la physiopathologie du TOC et surtout dans les mécanismes d'action des médicaments à visée anti-TOC. L'utilisation de la clomipramine a permis de soigner le TOC de manière sélective et de nouveaux résultats d'études épidémiologiques ont montré une prévalence élevée de cette maladie dans la population générale.

➤ *Les obsessions et les compulsions*

Le diagnostic du TOC est essentiellement basé sur la présence de symptômes spécifiques : obsessions et/ou compulsions qui doivent générer un degré important de malaise, de détresse psychique, une perte de temps de plus d'une heure par jour et/ou des handicaps dans la vie familiale, sociale ou professionnelle.

Une obsession représente une pensée, impulsion ou représentation mentale qui est récurrente et persistante. Souvent, le contenu d'une obsession est dégoûtant, douloureux, inacceptable ou anxiogène.

Les obsessions les plus fréquentes

– Peur des contaminations et des maladies.
– Obsessions sexuelles.
– Préoccupation par l'ordre – symétrie.
– Peur des catastrophes.
– Obsessions de précision – perfectionnisme.
– Pensées religieuses et sacrées.
– Obsessions agressives ou impulsives.
– Obsessions somatiques.
– Superstitions et pensées magiques.
– Obsessions parasites (mots neutres, sons…).

Une obsession diffère des ruminations et des soucis excessifs rencontrés dans d'autres formes d'anxiété, par exemple dans l'anxiété généralisée. Habituellement, une obsession est ressentie, par le sujet, comme intrusive, c'est-à-dire hantant son esprit contre sa volonté. Cette intrusion génère une émotion anxieuse ou un sentiment de détresse important obligeant à faire des efforts pour ignorer ou réprimer l'obsession ou pour la neutraliser par d'autres pensées ou actions.

Une compulsion est un comportement répétitif physique (lavage, vérification...) ou mental (compter, prier...) que le sujet se sent poussé à accomplir en réponse à une obsession ou selon certaines règles qui doivent être appliquées de manière inflexible. Généralement une compulsion est destinée à neutraliser ou à diminuer un sentiment de détresse ou à empêcher un événement ou une situation redoutés. Dans ce cas, il s'agit d'une compulsion réductrice d'anxiété. Cependant, la réduction de l'anxiété par une compulsion n'est que temporaire, et le retour systématique de l'anxiété exige de nouveau la répétition des rituels.

Dans d'autres situations, la compulsion est génératrice d'anxiété, car elle doit obéir à des règles et à des séquences rigides parfois très élaborées afin d'aboutir à la sensation du juste « parfait ». Dans tous les cas, les compulsions sont manifestement excessives et paraissent sans relation réaliste avec ce qu'elles se proposent de neutraliser ou de prévenir.

Les compulsions les plus fréquentes

– Lavage, nettoyage – Recherche permanente de réassurance.
– Amassage (ne rien jeter), (besoin de se confesser, poser des questions...).
– Vérifications compulsives – Répétitions compulsives.
– Compulsions de rangement, (toucher des objets, va-et-vient incessant...).
– Actes mentaux compulsifs (compter, prier, dire certains mots...).

En résumé,
- les TOC sont répétitifs, désagréables et reconnus à un moment donné comme exagérés ou irraisonnés (selon le DSM-IV, ceci ne s'applique pas aux enfants) ;
- le sujet reconnaît que le TOC est le produit de ses propres pensées ;
- le sujet fait constamment des efforts pour annuler les obsessions ou résister à l'exécution des rituels ;
- les rituels peuvent être la source d'un soulagement temporaire, mais jamais source de plaisir.

➤ Ce qui n'est pas un TOC

Rumination, hallucination, addiction

Une analyse fine permet de distinguer une obsession ou une compulsion d'autres symptômes psychiatriques :
- les ruminations dépressives concernent des préoccupations à thèmes de ruine, d'échec, de perte, de culpabilité ou d'auto-indignation. L'installation est habituellement brusque et l'évolution périodique. L'intensité des ruminations peut varier au cours de la journée, le sujet se sent généralement mieux le soir. Ces ruminations ne sont pas considérées comme insensées ni excessives, leur contenu est focalisé sur des événements passés, alors que, dans le TOC, c'est le présent et surtout les événements futurs qui inquiètent le sujet ;
- les hallucinations psychiques sont des voix intérieures menaçantes et les idées délirantes des fausses croyances inébranlables ;
- certaines préoccupations sont plus spécifiques. Elles portent sur la nourriture, comme l'anorexie mentale ;

sur l'apparence physique, c'est la dysmorphie corporelle caractérisée par des soucis concernant un défaut imaginaire ; sur la crainte d'avoir une maladie, c'est l'hypocondrie ; sur la consommation d'une substance qui peut être responsable de dépendance ou d'addiction ; ou au fait de s'arracher les cheveux, c'est la trichotillomanie ;
– les traits de personnalité obsessionnelle-compulsive ou POC qui correspondent à un mode de vie où le sujet donne une grande importance aux détails : perfectionnisme, ardeur excessive au travail, excès de conscience, difficultés de déléguer à autrui, rigidité, entêtement... Le sujet considère habituellement ses actions comme correspondant à sa personnalité et celles-ci sont compatibles avec ses propres principes, elles sont ego-syntoniques, c'est ce qui permet de distinguer la POC du TOC. Dans le TOC, les symptômes revêtent un aspect ego-dystonique, les symptômes sont perçus comme contraires à sa propre personnalité et ses principes de valeur. Cependant, on peut observer des cas combinant POC et TOC qu'on désigne par « *double obsession* ».

Les autres troubles anxieux

La distinction entre les phénomènes du TOC et les autres troubles anxieux, aussi appelés névrotiques est plus difficile. Dans le tableau qui suit, figurent les éléments cliniques permettant de faire les bons diagnostics.

Les TOC et les autres troubles anxieux

Les phobies	Le TOC
– Anxiété liée à la probabilité de voir survenir ou de s'exposer à un stimulus. – Anxiété diminuée simplement en évitant le stimulus, sans suivre de règle fixe. – Anxiété centrée sur un danger personnel.	– Anxiété non directement liée à un stimulus pouvant se produire. – Des comportements doivent être accomplis de manière répétitive selon des règles fixes. – Anxiété centrée sur un danger pour autrui ou sur des événements catastrophiques.
L'anxiété généralisée – Peurs ou préoccupations non perçues comme envahissantes ou déraisonnables. – Aucun effort pour lutter ou résister. – Rareté des rituels.	**Le TOC** – Obsessions perçues comme envahissantes et déraisonnables (ou absurdes). – Efforts accomplis afin d'y résister. – Compulsions fréquentes de type rituel.
Le trouble panique – Une attaque de panique se produit spontanément ou de manière inattendue. – Rareté des rituels.	**Le TOC** – Une crise de panique peut se produire chez 60 % des sujets mais de manière secondaire aux peurs obsessionnelles. – Compulsions fréquentes de type rituel.
Le trouble stress post-traumatique – Présence obligatoire d'un événement hors du commun. – Répétition des pensées liées à l'événement. – Peurs ou préoccupations non perçues comme envahissantes ou déraisonnables.	**Le TOC** – Habituellement absence d'événement traumatisant (avant le trouble). – Répétition des obsessions. – Obsessions perçues comme envahissantes et déraisonnables (ou absurdes).

La phobie sociale	Le TOC
– Craintes focalisées sur les situations où il faut affronter le regard des autres (parler, manger, écrire, passer un test…). – Tendance à éviter les situations embarrassantes.	– Parfois le sujet a peur ou craint que les autres découvrent le TOC. – Tendance à éviter les situations déclenchant les peurs obsessionnelles.

➤ Comment classer les TOC ?

Les sujets victimes de TOC souffrent de manière continue ou récurrente d'obsessions et/ou de compulsions. La majorité des patients qui consultent présentent les deux types de symptômes (obsessions et compulsions) et environ 20 % ont des obsessions « pures » (les formes « compulsives pures » sont plus fréquentes dans les cas infantiles). Les sujets atteints de TOC sont capables de décrire en détail, parfois de manière exagérée, voire captivante, leurs symptômes, mais il leur est impossible d'expliquer la raison pour laquelle ils sont contraints de subir inlassablement ces symptômes. Naturellement, les patients rapportent la présence de plusieurs obsessions et/ou de compulsions dont l'évolution est typiquement fluctuante ; les symptômes peuvent survenir, persister, disparaître, réapparaître ou progressivement s'enrichir ; ils peuvent également coexister ou s'alterner dans le temps. L'inventaire complet des obsessions et compulsions met en évidence la présence d'environ une trentaine de manifestations cliniques. L'encadré qui suit présente la check-list de Yale-Brown modifiée selon une étude réalisée chez 615 patients souffrant d'un TOC.

LISTE DES OBSESSIONS-COMPULSIONS[1]

Vous trouverez une liste des obsessions et des compulsions communément observées. Veuillez cocher la case correspondante à chaque item en précisant si le symptôme est présent actuellement (durant le dernier mois) (colonne A) *et/ou* a été présent dans le passé (colonne P).

Par exemple :

P	A	
X	X	1- Préoccupé à l'idée d'être malade à cause d'une contamination.
X		2- Préoccupation liée aux maladies.
	X	3- Préoccupation ou dégoût liés aux déchets ou aux sécrétions corporels (par exemple, l'urine, les selles, la salive).

I- CATÉGORIES MIXTES

— PEURS DES CONTAMINATIONS ET DES MALADIES

P	A	
		1- Préoccupation à l'idée d'être malade à cause d'une contamination.
		2- Préoccupation liée aux maladies.
		3- Préoccupation ou dégoût liés aux déchets ou aux sécrétions corporels (par exemple, l'urine, les selles, la salive).
		4- Préoccupation excessive liée aux éléments contaminants dans l'environnement (amiante, radiations, déchets toxiques).
		5- Préoccupation liée à la saleté ou aux microbes.
		6- Préoccupé à l'idée de communiquer une maladie aux autres.
		7- Préoccupé simplement par le malaise ressenti à la suite d'une contamination.
		8- Mesures excessives pour éviter ou supprimer le contact avec des éléments contaminants.

---

1. Check-list de Yale-Brown modifiée (Hantouche, Lancrenon, *Encéphale*, 1996).

— COMPULSIONS DE LAVAGE-NETTOYAGE		
P	A	9- Soins corporels ritualisés ou excessifs (douches, bains, brossage des dents). 10- Lavage des mains ritualisé ou excessif. 11- Nettoyage d'objets appartenant à la maison ou non. 12- Autres mesures pour éviter ou supprimer le contact avec des éléments contaminants.
— OBSESSIONS PHOBIQUES		
P	A	13- Préoccupation liée aux substances ou résidus collants. 14- Préoccupation excessive à l'égard des animaux (insectes). 15- Préoccupation excessive liée aux éléments touchant la maison (détergents, solvants).
— OBSESSIONS SOMATIQUES		
P	A	16- Préoccupation excessive liée à une partie du corps ou à son apparence. 17- Vérifications en rapport avec les obsessions somatiques.
II- CATÉGORIES À DOMINANCE OBSESSIONNELLE		
— OBSESSIONS AGRESSIVES		
P	A	18- Peur de blesser d'autres personnes par négligence (par exemple, provoquer ou subir un accident sur la voie publique). 19- Peur que quelque chose de terrible puisse arriver par sa faute (par exemple, un incendie, un cambriolage). 20- Peur de faire du mal aux autres. 21- Images de violence ou d'horreur.

		22- Mesures excessives pour éviter (cochez ce qui convient) : • de se faire du mal ; • de faire du mal aux autres ; • des conséquences catastrophiques.
— PEURS DES CATASTROPHES		
P	A	23- Peur de se faire du mal. 24- Vérifier que rien ne risque de faire du tort à soi-même. 25- Vérifier que rien ne risque de faire du tort aux autres. 26- Vérifier que rien de catastrophique n'est/ne va arrivé(er).
— OBSESSIONS SEXUELLES		
P	A	27- Pensées, images ou impulsions perverses ou interdites. 28- Comportement sexuel envers les autres. 29- Contenu ayant trait à l'homosexualité. 30- Contenu ayant trait à des enfants ou à l'inceste.
— OBSESSIONS RELIGIEUSES		
P	A	31- Préoccupation liée aux sacrilèges ou aux blasphèmes. 32- Peur de laisser échapper des obscénités ou des insultes. 33- Préoccupation excessive liée au bien/mal, ou à la moralité.
— OBSESSIONS IMPULSIVES		
P	A	34- Peur d'agir sous une impulsion non voulue. 35- Peur de voler des choses.

— SUPERSTITIONS ET PENSÉES MAGIQUES		
P	A	36- Peurs superstitieuses. 37- Accompagnées d'une pensée magique (craint qu'un malheur puisse toucher un être cher si des choses ne sont pas faites d'une manière bien précise). 38- Attribution de significations spéciales aux couleurs. 39- Nombres porte-bonheur ou malheur. 40- Comportements superstitieux. 41- Rituels mentaux (autres que vérifier ou compter).
— OBSESSIONS PARASITES		
P	A	42- Images parasites (neutres). 43- Sons, mots, musiques parasites (dénués de sens).
III- CATÉGORIES À DOMINANCE COMPULSIVE — AMASSAGE		
P	A	44- À distinguer des collections ou de comportements ayant une valeur sentimentale ou monétaire, liée à une pulsion d'amasser. 45- Préoccupation excessive liée à l'incapacité de jeter ou perdre quelque chose de précieux. 46- À distinguer des collections et de l'intérêt pour les objets de valeur sentimentale ou monétaire ; exemple, lire soigneusement du courrier sans valeur, empiler les vieux journaux, trier les ordures, collecter des objets sans valeur… 47- Besoin excessif de faire des listes. 48- Comportements alimentaires ritualisés.
— VÉRIFICATIONS COMPULSIVES		
P	A	49- Vérifier les portes, les serrures, la cuisinière, les appareils ménagers, le frein. 50- Vérifier l'absence d'erreur. 51- Relecture ou réécriture.

— ORDRE-SYMÉTRIE-COMPTAGE		
P	A	
		52- Obsessions de symétrie – exactitude – ordre (non accompagnées d'une pensée magique). 53- Compulsions de compter. 54- Compulsions d'ordre et de rangement.
— RÉPÉTITIONS COMPULSIVES		
P	A	
		55- Arrachement répété des cheveux, cils, sourcils, poils. 56- Rituels impliquant un clignement d'yeux ou un regard fixe. 57- Besoin de toucher, tapoter ou frotter. 58- Répétition d'activités (sortir/entrer, se lever, s'asseoir…).
— PRÉCISION – PERFECTIONNISME		
P	A	
		59- Peur de ne pas dire exactement ce qu'il faut. 60- Peur de dire certaines choses. 61- Besoin de savoir ou de se souvenir. 62- Peur de faire quelque chose d'autre qui met dans l'embarras. 63- Peur de perdre des choses. 64- Besoin de dire, de demander, de confesser.
— AUTOMUTILATION RÉPÉTITIVE		
P	A	
		65- Comportements d'automutilation répétitive.

IV- CATÉGORIES DIVERSES
— LENTEUR OBSESSIONNELLE-COMPULSIVE
P　A　66- Passer trop de temps pour terminer la toilette matinale. 67- Passer trop de temps pour s'habiller le matin. 68- Être souvent en retard du fait d'être incapable de tout terminer à temps. 69- Être souvent en retard au travail à cause d'une lenteur excessive. 70- Perdre beaucoup de temps pour plier et accrocher ses habits. 71- Suivre méticuleusement un ordre presque parfait pour réaliser des activités même banales.
— AUTRES TYPES D'OBSESSIONS OU DE COMPULSIONS
Précisez : P　A　72- .... 73- .... 74- .... 75- ....

Les manifestations cliniques sont regroupées dans trois catégories générales :

- *La catégorie à dominance compulsive* ou « CO » inclut les obsessions de symétrie et d'ordre (compulsions de rangement, comptage, amassage, répétition, vérification…) ; dans cette forme, on retrouve le plus de tics moteurs complexes associés.
- *La catégorie à dominance obsessionnelle* ou « OC » inclut les obsessions agressives, sexuelles, religieuses, avec peu de vraies compulsions ; c'est la résistance du sujet contre la réalisation probable de ses obsessions qui est de nature compulsive.

– *La catégorie mixte* ou « OC » présente des obsessions de contamination et des compulsions de lavage et de nettoyage.

Cette typologie syndromique a été vérifiée dans deux larges enquêtes françaises incluant plus de 4 000 patients souffrant de TOC. Elle est utile pour faire le choix des différentes interventions thérapeutiques (choix des psychotropes, indication d'une thérapie comportementale, combinaison des deux...)

D'autres experts classent les TOC selon :
– l'âge de début (avant et après 15 ans) ;
– l'association avec les tics complexes ;
– la qualité de l'insight, c'est-à-dire la reconnaissance ou prise de conscience par le sujet de l'absurdité de ses symptômes ; les cas de TOC avec un insight faible sont ainsi classés à part. Ainsi les sujets qui ne jugent pas leurs symptômes irraisonnés ou absurdes et, à un stade plus sévère, qui croient au bien-fondé des symptômes souffrent d'une forme plus sévère de TOC ou d'une forme résistante à la thérapie comportementale.

C'est la dominance de manifestations compulsives et obsessionnelles qui pour l'instant semble être la variable la plus importante pour typer un TOC. Dans cet ouvrage, je présenterai une nouvelle typologie du TOC qui tiendra compte de la comorbidité dépressive et de la cyclothymie (chapitre 4).

➤ *Évaluer l'intensité du TOC*

En plus de la typologie du TOC, il convient d'évaluer l'intensité globale du trouble. L'échelle YBOCS (ou échelle des obsessions et compulsions de Yale Brown, élaborée par Goodman *et al.*, 1989) représente l'outil d'évaluation standard. Cet instrument a le mérite d'être global, synthétique et spécifique. La YBOCS existe aussi pour le TOC juvénile et il y a une autre version pour l'autoévaluation[1].

Dans la YBOCS, l'évaluation des obsessions et des compulsions est faite de manière séparée : 5 items pour les obsessions et 5 items pour les compulsions, chaque item est à coter de 0 à 4 selon l'intensité :

– temps occupé ou perdu par les symptômes ;
– degré de gêne ou de handicap dans la vie quotidienne ;
– degré d'angoisse associée ;
– résistance contre le symptôme ;
– degré de contrôle exercé.

Au total, la YBOCS contient 10 items permettant d'obtenir une note globale de 0 à 40 (de 0 à 20 pour les obsessions et de 0 à 20 pour les compulsions). En général, un score global se situant entre 16 et 18 constitue une indication thérapeutique et un score supérieur à 30 caractérise les cas sévères.

Les TOC sous-estimés

Dans la population générale, on estime actuellement que le TOC touche environ 2 à 3 % de la population générale

---

1. Celle-ci figure dans le livre du Dr Sauteraud, publié chez Odile Jacob, *Je ne peux pas m'arrêter de laver, vérifier, compter.*

adulte et 2 à 3,6 % des enfants/adolescents. La prévalence du TOC chez les sujets ayant consulté en milieu médical est de 6,5 % contre 1,3 % chez ceux qui n'ont pas consulté. Ce qui signifie que la présence d'un TOC est source de détresse et d'enfermement et que les patients n'osent pas consulter. Une enquête nationale française, « DRT-TOC » (Dépistage-Reconnaissance-Traitement des TOC), réalisée dans une population de 4 364 patients consultant pour la première fois en psychiatrie, a suggéré une fréquence globale de 17 % du SOC (ou syndrome OC) dont 9,2 % de TOC qui comportaient les critères complets du trouble (Hantouche *et al.*, 1995). Pour rappel, on désigne par SOC la présence des symptômes spécifiques du TOC, mais sans preuve de sévérité (détresse importante ou perte de temps de plus d'une heure) ou de conséquences sur le fonctionnement du sujet.

En revanche, la fréquence du TOC chez les consultants en médecine générale reste encore inconnue. Dans la seule étude publiée, Olfson *et al.* (1996) ont retrouvé dans une cohorte de 1 001 consultants un taux de prévalence du TOC de 1,4 % et du SOC de 5,5 %.

➤ *Un diagnostic retardé*

Malgré la spécificité symptomatique et la divulgation des chiffres élevés de la prévalence, le TOC demeure, jusqu'à présent, mal connu et mal dépisté. Certaines personnes pensent qu'il ne s'agit pas d'une maladie, la peur d'être mal jugé ou pris pour un « fou », le besoin de garder secrète la cause de son malaise expliquent les raisons pour lesquelles les patients atteints de TOC ne livrent pas spontanément leurs symptômes. À ces facteurs, vient s'ajouter l'absence de dépistage correct du TOC chez les patients qui consultent pour anxiété, stress, troubles du sommeil… En effet, la majorité des patients souffrant de TOC consultent pour une plainte principale qui est souvent de nature anxieuse ou dépressive. S'il est vrai que la majorité des patients atteints dissimulent leur TOC ou n'en parlent pas spontanément, ils consultent beaucoup de médecins. Un tiers des patients a dû consulter deux à trois médecins et un autre tiers quatre médecins ou plus avant d'avoir un traitement adapté.

Il est important de signaler que l'âge moyen de début du TOC est de 19,8 ± 9,6 ans avec moins de 15 % des cas qui débutent après l'âge de 35 ans. En conséquence, le dépistage du TOC doit concerner les sujets jeunes, donc les pédiatres, les médecins généralistes, les éducateurs et de manière générale la famille et l'entourage (d'où l'intérêt des ouvrages et des programmes d'information consacrés au TOC) ! Actuellement, avec l'arrivée des traitements spécifiques du TOC, il commence à être mieux décelé, cependant beaucoup de travail reste à faire !

La méconnaissance du TOC peut être expliquée par une multitude de facteurs :

- la majorité des patients sont réticents à divulguer spontanément leurs symptômes, soit par peur d'être mal jugés, soit à cause d'un vécu de honte ;
- les patients ignorent souvent la nature pathologique de l'affection, surtout si le TOC a débuté à un âge précoce ;
- le TOC est fréquemment associé à d'autres troubles, dépression, anxiété, tics, abus de substances... qui souvent masquent le diagnostic. En fait la dépression n'a pas seulement masqué le TOC, mais également la bipolarité. Il en résulte que des centaines de milliers de personnes obsessionnelles, phobiques et cyclo-

thymiques se soignent uniquement pour une façade dépressive ;
– 40 à 50 % des patients consultent leurs médecins généralistes qui souvent ne sont pas suffisamment formés pour dépister et traiter le TOC ;
– le dépistage par les médecins est rarement systématique car ils croient que c'est une affection rare.

Pour toutes ces raisons, le TOC a été et demeure une affection « invisible », pouvant évoluer sur de nombreuses années sans être dépistée ou traitée. Lutter contre l'invisibilité du TOC est devenu ainsi un défi pour les médecins qui se montreront attentifs à certains comportements et situations alertant sur la présence du TOC, comme :

– une anxiété résistante aux anxiolytiques ;
– une dépression chronique et/ou difficile à traiter ;
– un échec professionnel inexpliqué, ou scolaire dans les formes juvéniles ;
– des troubles du comportement inexpliqués avec une histoire familiale de TOC ;
– une plainte de l'entourage au sujet de conduites incompréhensibles transformant la vie de tous les jours en une lutte permanente.

Si le sujet présente un de ces éléments, le TOC doit être recherché à l'aide d'un questionnaire de dépistage que le médecin peut utiliser, ou avec le MOCI (Inventaire des obsessions compulsions du Maudsley), questionnaire destiné aux patients pour une autoévaluation.

Les deux questionnaires ont été testés et validés dans deux larges études françaises, une enquête chez les consultants en psychiatrie (« DRT-TOC », implantée en 1994) et une seconde chez les consultants en médecine générale (« AR-TOC », implantée en 2000).

Le questionnaire de dépistage du TOC pour le médecin

	Vrai	Faux
OBSESSION (réponse 01 + 02) O1 : Avez-vous jamais été troublé par des idées qui reviennent sans cesse dans votre esprit et qui entraînent malaise ou anxiété ?* O2 : Quand vous avez ces idées, essayez-vous de les chasser ou de les neutraliser ?	☐ ☐	☐ ☐
* Si oui à Q1 : Êtes-vous anxieux ou préoccupé à l'idée de : – être souillé ou de souiller, – commettre une erreur, – avoir un comportement scandaleux, – provoquer un malheur, – avoir besoin de symétrie, – avoir des pensées ou pulsions sexuelles, sacrées, religieuses.	 ☐ ☐ ☐ ☐ ☐ ☐	 ☐ ☐ ☐ ☐ ☐ ☐
COMPULSION (réponse C1 + C2) C1 : Avez-vous l'obligation de commettre des actes, plusieurs fois de suite ou d'une manière précise ?* C2 : Pensez-vous que ce que vous faites est plus qu'il n'en faut ? ou le nombre des répétitions plus que raisonnable ?	**Vrai** ☐ ☐	**Faux** ☐ ☐
* Si oui à C1 : Êtes-vous régulièrement contraint de : – laver plus que la normale, – vérifier plus que la normale, – ranger plus que la normale, – accumuler ou ne rien jeter, – compter intérieurement, – être anormalement lent.	 ☐ ☐ ☐ ☐ ☐ ☐	 ☐ ☐ ☐ ☐ ☐ ☐
SOC : O1 + O2 et/ou C1 + C2		

Retentissement (Détresse – Perte de temps – Handicap) À cause des obsessions ou compulsions : R1 : Avez-vous l'impression d'être en grande détresse ? R2 : Est-ce que vous perdez plus d'une heure par jour ? R3 : Avez-vous remarqué que votre travail, votre vie sociale et/ou vos relations avec les autres ont été sérieusement handicapés ?	Vrai ❏ ❏ ❏	Faux ❏ ❏ ❏
TOC probable : SOC avec une réponse R positive **TOC certain : trois réponses positives**		
Le questionnaire de dépistage du TOC (QD-TOC) est rempli par le médecin. Il comporte deux questions relatives aux « obsessions » (avec six exemples de préoccupations obsédantes), deux questions relatives aux « compulsions » (avec six exemples de rituels compulsifs) et trois questions générales explorant le « retentissement » (détresse, perte de temps et handicap) lié à la présence des obsessions et/ou des compulsions. Le QD-TOC a été testé et validé dans plusieurs études françaises (Hantouche *et al.*, 1995 ; Hantouche *et al.*, 2001).		

Le questionnaire de dépistage du TOC pour le patient
Inventaire des obsessions et compulsions du Maudsley (MOCI)

Vous trouverez ci-dessous une liste de phrases décrivant des problèmes que l'on peut rencontrer. Pour répondre, nous vous demandons de **cocher les cases « Vrai » ou « Faux »**. Il n'existe pas de bonnes ou mauvaises réponses, ou de questions pièges. Répondez rapidement à toutes les questions, sans passer trop de temps à réfléchir au sens exact de chaque question.		
	Faux	Vrai
1- J'évite les cabines téléphoniques à cause d'une contamination possible.	❏	❏
2- De mauvaises pensées me viennent à l'esprit, et j'ai du mal à m'en débarrasser.	❏	❏
3- Je suis souvent en retard parce que je suis incapable de tout terminer à temps.	❏	❏
4- Être contaminé(e) quand je touche des animaux m'inquiète excessivement.	❏	❏

5- Je dois fréquemment vérifier des choses : gaz, robinets, portes à plusieurs reprises.	❏	❏
6- Presque tous les jours des idées désagréables me viennent à l'esprit, me dérangent contre ma volonté.	❏	❏
7- J'ai tendance à avoir du retard dans mon travail parce que je dois refaire les choses à plusieurs reprises.	❏	❏
8- J'utilise une quantité anormale de savon.	❏	❏
9- Je passe trop de temps à m'habiller le matin.	❏	❏
10- Je suis extrêmement préoccupé(e) par la propreté.	❏	❏
11- J'ai du mal à utiliser des toilettes même si elles sont bien propres.	❏	❏
12- Mon problème majeur est d'avoir à vérifier plusieurs fois la même chose.	❏	❏
13- Je suis excessivement préoccupé(e) par les microbes ou les maladies.	❏	❏
14- J'ai tendance à vérifier les choses plus d'une fois.	❏	❏
15- Je pense que mes mains sont sales après avoir touché de l'argent.	❏	❏
16- Je passe beaucoup de temps à terminer ma toilette matinale.	❏	❏
17- Je consomme des quantités importantes. d'antiseptiques	❏	❏
18- Je perds chaque jour beaucoup de temps à vérifier sans cesse la même chose.	❏	❏
19- Plier et accrocher mes vêtements le soir me prend trop de temps.	❏	❏
20- Même quand je fais les choses très soigneusement, j'ai souvent l'impression qu'elles ne sont pas faites correctement.	❏	❏

Le MOCI ou inventaire des obsessions compulsions du Maudsley (version 20 items) est proposé au patient ; donc, c'est un autoquestionnaire. Il s'agit d'une liste de 20 situations « à problème » qui témoignent de la présence d'un comportement obsessionnel compulsif. Le MOCI a été testé et validé dans plusieurs études françaises. Un score supérieur à 6 est évocateur d'un SOC ou TOC (Hantouche et Guelfi, 1993 ; Hantouche *et al.*, 1995).

➤ *Rechercher le TOC dans l'anxiété résistante au traitement*

Dans la pratique, il est difficile pour les médecins de dépister le TOC, surtout quand les patients n'évoquent pas spontanément leur trouble. Il est donc opportun de cibler les conditions cliniques les plus pertinentes permettant de « rentabiliser » ce dépistage. L'anxiété associée au TOC répond mal aux traitements anxiolytiques ou sédatifs conventionnels (benzodiazépines) et même, dans certains cas, elle peut être aggravée par ces psychotropes. Par conséquent, j'ai suggéré que l'anxiété résistante soit une condition privilégiée pour le dépistage du TOC en médecine générale. Pour tester cette hypothèse, l'enquête « AR-TOC » a été élaborée en novembre 1999.

Le pari a réussi : 45 % des patients anxieux résistants ont un TOC. Les valeurs moyennes du MOCI (autoévaluation du TOC) étaient concordantes avec les diagnostics de phénomènes obsessionnels compulsifs générés par le questionnaire de dépistage. Afin de vérifier la fiabilité de l'autoévaluation, on a comparé les scores de MOCI obtenus dans l'enquête AR-TOC avec ceux issus d'une enquête réalisée en 1995 sur le dépistage du TOC par les psychiatres, enquête DRT-TOC. Les scores globaux sur MOCI sont respectivement tout à fait comparables. Ce qui infirme l'idée que les patients dépistés en médecine générale sont moins sévères que ceux qui consultent en psychiatrie.

La probabilité de trouver un TOC sera d'autant plus importante que l'anxiété résistante comporte des plaintes, comme dépression-démoralisation (46 %), fatigue (43 %), somatisation (39 %), phobies (33 %), difficultés cognitives (28 %), irritabilité-crises de colère (27 %), attaques de panique (23 %), troubles alimentaires (19 %), agitation (14 %) et tics (8 %). Dans la pratique, un sujet anxieux traité pendant plus d'un mois avec des anxiolytiques, et dont les symptômes ne répondent pas à ces médicaments, a une chance sur deux d'avoir un TOC. 64 % des patients traités avec au moins deux anxiolytiques ont un TOC. Ce constat est le meilleur indicateur pour dépister le TOC chez les sujets demandeurs de soins en médecine générale.

Si l'anxiété résistante paraît être le terroir du TOC invisible, nous verrons plus loin que le TOC résistant représente à son tour le terroir de la bipolarité invisible. Ainsi, de résistance en résistance, l'aventure des patients victimes de TOC bipolaire sera assez longue avant la reconnaissance correcte de l'identité de leur souffrance. Reconnus au départ comme anxieux ou dépressifs, puis obsessionnels compulsifs, ils sont en fait bipolaires !

➤ Le TOC, une maladie à redécouvrir

L'intérêt pour le TOC s'est renouvelé du fait de la disponibilité des traitements efficaces et de la précision des chiffres de prévalence. Pour le professeur Pierre Pichot, il ne s'agit pas d'une nouvelle maladie mais plutôt d'une « maladie à redécouvrir ».

En effet, les descriptions cliniques du TOC ont été depuis longtemps précisées dans des entités comme « mélancolie superstitieuse », « mélancolie scrupuleuse », « monomanie intellectuelle », « névrose émotionnelle », « folie raisonnante », « folie du doute et délire du toucher », « manie de la rumination », « névrose de contrainte », « psychasthénie », « névrose obsessionnelle »... En lisant l'histoire du TOC, on est étonné par la constance des descriptions de la clinique et du vécu des sujets qui sont victimes des obsessions-compulsions. Le plus étonnant est le contraste entre cette constance clinique et la multitude des théories explicatives du TOC. Très vite, le débat s'est fait entre les théories « intellectuelles » *versus* « émotionnelles », puis il y eut la prolifération des hypothèses psychodynamiques inspirées par les idées de Freud sur la psychogenèse du TOC. Bien que séduisantes, ces hypothèses demeurent assez complexes et surtout « inutiles », car inopérantes pour traiter le TOC. Ce trouble s'est avéré assez vite une des affections les plus difficiles à traiter. Dès l'apparition des premières thérapeutiques biologiques (insulinothérapie ou cure de Sakel, sismothérapie ou électrochocs, neuroleptiques…), les cliniciens ont espéré faire sortir les malades obsessionnels de l'impasse. Mais ce fut en vain, car le TOC résistait à ces traitements, ils ont proposé la psychochirurgie ou des lobotomies qui ont quand même apporté quelques résultats positifs.

Actuellement, des progrès importants ont été faits au niveau du dépistage du TOC, de sa reconnaissance en milieu médical et par le grand public, des traitements médicamenteux efficaces et des psychothérapies cognitives et comportementales adaptées. La connexion du TOC avec les troubles bipolaires est une nouvelle étape qui s'inscrit dans l'histoire moderne du TOC.

CHAPITRE 2

La bipolarité, une nouvelle maladie ?

De la psychose maniaco-dépressive aux troubles bipolaires

Actuellement, tout le monde connaît la « dépression ». Toutefois il en existe plusieurs formes. Avant les années 1960, la majorité des troubles de l'humeur, dont font partie les dépressions, étaient inclus dans une seule entité, la folie maniaco-dépressive, ou PMD pour psychose maniaco-dépressive, selon le travail magistral d'Emil Kraepelin. Ce fameux psychiatre allemand a proposé cette entité globale en synthétisant ce que les psychiatres français ont découvert au cours de la seconde moitié du XIXe siècle, la « folie circulaire » de Falret, la « folie à double forme » de Baillarger, la « folie intermittente » de Magnan ou la « psychose périodique » de Ballet. Ce n'est que dans les années 1960, à la suite de la publication de deux études européennes, une en Suisse réalisée par Angst et une autre en Suède par Perris, que la PMD va être divisée en deux catégories diagnostiques, les troubles bipolaires et les troubles unipolaires. Il est important de préciser ici que cette dichotomie est une idée européenne et non américaine.

Les troubles bipolaires ou « BP » sont caractérisés par la présence d'épisodes dépressifs alternés avec des épisodes maniaques dans lesquels les dérèglements sont de polarité opposée à ceux de la dépression, d'où la dénomination « bipolaire » (comme accélération et activation dans la manie *versus* ralentissement et inhibition dans la dépression). Certains experts contemporains préfèrent encore au terme « bipolaire » celui de « MMD » ou maladie maniaco-dépressive, qui désigne clairement la nature des épisodes. De plus, le terme de « psychose », inapproprié pour qualifier l'ensemble des formes cliniques, est remplacé par « maladie », les patients n'affectionnant pas du tout le terme de psychose, tellement chargé de tabous et de caractéristiques péjoratives. Enfin, la majorité des patients pensent qu'ils ne sont pas fous !

En revanche, les troubles unipolaires ou « UP » sont caractérisés par des épisodes de polarité dépressive (sans épisodes maniaques). C'est l'observation des histoires familiales différentes qui a incité une telle dichotomie ; en fait, on a constaté que dans les familles de BP il y avait plus de BP et dans les familles de UP plus de dépressions. Déjà une notion de génétique différentielle entre les deux maladies.

Cependant cette séparation, bien que simple en apparence, pose le problème des frontières entre les deux entités. Dans quelles conditions serait-on bipolaire ?

Malheureusement, le prototype standard des troubles BP sera représenté pendant longtemps par le trouble désigné par « BP-I » qui comporte, en plus des épisodes dépressifs, des épisodes maniaques francs, souvent de nature psychotique (d'où l'appellation classique de PMD ou *psychose maniaco-dépressive*). Tous les autres troubles de l'humeur, qui ne sont pas typiquement maniaques, seront considérés comme « dépression » ou unipolaires. Notons que depuis 1958, date de la découverte des deux premiers antidépresseurs (Tofranil® et Marsilid®), la famille des antidépresseurs s'est développée à une vitesse nettement supérieure à celle des thymorégulateurs utilisés dans le traitement de la manie. Pour rappel, durant plus de vingt-cinq ans, les sels de lithium étaient les seuls thymorégulateurs proposés dans le traitement de la PMD. L'arrivée des antidépresseurs sélectifs, comme le Prozac®, n'a fait que focaliser les traitements sur la dépression.

Pour dire qu'un trouble est bipolaire, il est aisé de se limiter aux épisodes maniaques « typiques », mais la réalité clinique nous montre à l'évidence une multitude d'expressions de la manie, que ce soit au niveau de l'intensité, de la sévérité ou des troubles associés (comme l'abus de substances, les anxiétés, les symptômes psychotiques). Au sein du territoire assez large des dépressions, il existe des formes BP atténuées, et on commence à mieux connaître le territoire de la bipolarité qui ne cesse de s'élargir aux dépens d'un rétrécissement du territoire des dépressions. Il s'avère donc nécessaire, à une époque où les médecins généralistes et le grand public ont été essentiellement sensibilisés au diagnostic de la dépression (ou « épisode dépressif majeur »), de mieux connaître le territoire clinique de la bipolarité.

Les épisodes bipolaires

Un épisode est caractérisé par des dérèglements ou symptômes au niveau cognitif (troubles de la pensée), émotionnel (troubles des affects et des sentiments) et psychomoteur (troubles de l'énergie, des activités…). Dans les troubles de l'humeur, il existe trois types d'épisodes : les épisodes maniaques (M) ou hypomaniaques (m), les épisodes dépressifs et les épisodes mixtes. Les lettres en majuscules sont utilisées pour désigner les épisodes majeurs ou caractérisés, et les minuscules pour les épisodes mineurs (ou de faible intensité sémiologique)

➤ *L'épisode dépressif*

Les symptômes typiques de la dépression sont représentés par :

- état de tristesse, de pleurs, d'émoussement affectif ou d'irritabilité ;
- perte d'intérêt pour les activités agréables ;
- réduction d'activité, peu de projets ;
- sommeil perturbé avec insomnie ou besoin de trop dormir (dans les deux cas, le sommeil n'est pas récupérateur et le sujet ne se sent pas en forme) ;
- fatigue importante (déjà au réveil) ;
- appétit perturbé (peu ou trop d'appétit) avec des changements secondaires du poids ;
- trop d'inhibition psychomotrice (incapacité de se mettre dans l'action) ou parfois un état d'agitation ;
- discours ralenti et assez pauvre dans son contenu ;
- estime de soi négative, autodévalorisation ;
- sentiments d'être sans aide ou sans espoir ;
- idées noires de mort ou de suicide.

Les épisodes dits majeurs comportent au moins cinq symptômes dans la liste suivante, ils doivent être présents pendant une durée de deux semaines et représenter un changement significatif par rapport au fonctionnement antérieur. Ces symptômes induisent une souffrance avec souvent un impact péjoratif sur le fonctionnement socio-familial ou professionnel. Cette description de l'épisode dépressif ne tient pas compte des causes ou des facteurs déclenchants.

Questionnaire pour diagnostiquer un épisode dépressif majeur (EDM)

Ce questionnaire précise les critères définissant un épisode dépressif majeur selon le DSM-IV. On parle de dépression majeure quand il existe au moins cinq symptômes dépressifs, présents presque tous les jours pendant une période d'au moins deux semaines		
Durant la même période (au moins deux semaines), (au moins 5 symptômes de la liste de 9 items dépressifs	Vrai	Faux
– Vous vous êtes senti déprimé ou cafardeux, pratiquement toute la journée, presque chaque jour ?	❏	❏
– Avez-vous été beaucoup moins intéressé par la plupart des choses **ou** incapable de prendre plaisir aux activités qui vous plaisaient auparavant ?	❏	❏
– Avez-vous plus ou moins d'appétit que d'habitude ?		
• avez-vous perdu du poids récemment ?	❏	❏
• **ou** gagné du poids récemment ?	❏	❏
– Avez-vous noté des difficultés de sommeil ?		
• comme dormir moins que d'habitude	❏	❏
• **ou** besoin de dormir plus que d'habitude ?	❏	❏
– Avez-vous remarqué que vous étiez (mouvements, parole)		
• plus lent que d'habitude ?	❏	❏
• **ou** nerveux ou agité ?	❏	❏
– Êtes-vous fatigué tout le temps ?	❏	❏
– Est-ce que vous vous jugez :		
• indigne ou coupable ?	❏	❏
• **ou** sans aide ou désespéré ?	❏	❏

– Éprouvez-vous des difficultés : • à penser ou à vous concentrer ? • **ou** à prendre des décisions ? – Êtes-vous déprimé ou triste au point de penser : • à la mort ou qu'il vaudrait mieux que vous soyez mort ? • **ou** avez-vous pensé à vous faire du mal, ou tenté de vous suicider ? – Durant cette période (au moins de 2 semaines), • avez-vous eu l'impression d'être en grande détresse ? • avez-vous remarqué que votre travail, votre vie sociale et/ou vos relations avec les autres ont été sérieusement handicapés ?	❏ ❏ ❏ ❏ ❏ ❏	❏ ❏ ❏ ❏ ❏ ❏

➤ *L'épisode maniaque*

Il s'agit d'une période durant laquelle le sujet présente des symptômes qui sont à l'opposé des symptômes dépressifs :

- état d'euphorie, de jovialité, d'exaltation, des sautes d'humeur imprévisibles et/ou des sentiments d'irritabilité ou d'irascibilité extrêmes ;
- excès d'activité, trop de projets (parfois irréalistes) ;
- engagement excessif dans des activités agréables, comme se lancer dans des achats inconsidérés, des conduites sexuelles inconséquentes ou des projets professionnels imprudents ;
- réduction du besoin de sommeil (dormir 2 à 3 heures et se sentir en forme) ;
- facilité des contacts avec les autres (avec une levée des inhibitions et un manque de pudeur) ;
- estime de soi grandissante (qui peut aller jusqu'à la mégalomanie et aux idées de grandeur) ;

- discours rapide et assez fort (difficulté d'arrêter le discours du sujet qui va à « 200 à l'heure ») ;
- pensées accélérées (fuite des idées ; sauts du coq-à-l'âne).

L'épisode maniaque peut survenir brutalement et durer de quelques jours à quelques semaines (au moins une semaine selon le DSM-IV) jusqu'à des mois parfois. En fait il s'agit d'un dérèglement pathologique, car l'intensité est suffisante pour entraîner une altération marquée du fonctionnement social ou professionnel, souvent soldée par une hospitalisation afin de limiter les conséquences dommageables pour le sujet ou pour autrui.

Une proportion non négligeable, plus de la moitié, des épisodes maniaques comporte des éléments psychotiques, comme des idées délirantes ou des hallucinations. Dans ces cas, on évoque la forme de « manie délirante » ou « manie avec éléments psychotiques ». Souvent le contenu des idées délirantes ou des hallucinations concorde avec les thèmes maniaques typiques comme la surestimation de sa valeur, de ses pouvoirs (avoir une mission sur terre), de ses connaissances, de son identité ou de ses relations avec des personnes célèbres. Dans ce cas, on parle de caractéristiques psychotiques congruentes à l'humeur maniaque qui sont observées dans plus d'un tiers des manies. Dans un pourcentage plus faible (environ 15 %), les caractéristiques psychotiques sont non congruentes à l'humeur, car on retrouve des idées délirantes de persécution, d'influence ou de pensées imposées. Ce sont ces cas qui prêtent le plus à confusion avec les troubles schizophréniques.

La présence des éléments psychotiques au sein de la manie est donc fréquente et ne doit en aucun cas éliminer le diagnostic de bipolarité en faveur de la schizophrénie. L'accélération psychomotrice, la fuite des idées et la fureur émotionnelle pourraient induire faussement la présence d'une production délirante, d'une dissociation ou de discordance. De même, les moments dépressifs peuvent être à tort, repérés comme des états d'émoussement affectif et de retrait social. C'est surtout les cas de manie avec une forte instabilité et des changements ultrarapides de polarité maniaque et dépressive, qui donnent l'impression d'une production délirante non congruente. Il est clair que la présence d'une double symptomatologie affective et psychotique rend parfois le diagnostic final difficile à identifier.

Au cours de l'épisode maniaque aigu, les éléments en faveur du diagnostic de bipolarité sont les suivants :

- des indices d'activation et d'instabilité émotionnelle ;
- des séquences maniaques puis psychotiques ;
- une inconsistance des éléments délirants (périodes où le sujet est uniquement maniaque) ;
- des fonctions cognitives peu perturbées ;
- des anomalies touchant la tonalité et la rapidité de la pensée (et non son organisation) ;

Souvent c'est l'évolution du trouble qui permet de trancher en cas :

- d'épisodes maniaques antérieurs ou ultérieurs ;
- d'une évolution périodique, avec une notion de virage d'humeur (passage de la dépression à la manie ou *vice versa*) ;
- d'une qualité de fonctionnement normal avant ou entre les épisodes aigus ;
- d'une histoire familiale de bipolarité.

Dans le doute, on préfère diagnostiquer et traiter ces patients comme des bipolaires jusqu'à preuve du contraire.

Selon la formule de M.-C. Hardy-Baylé et P. Hardy : « C'est la manie qui fait le délire et jamais l'inverse[1]. »

➤ L'hypomanie : une question de sévérité ?

Mme L. a récemment été traitée pour un épisode dépressif majeur. Sa dépression a disparu progressivement sur une période de quatre mois. Actuellement, on remarque chez elle des moments de jovialité avec une hyperactivité où elle se trouve pleine d'entrain et fait des projets. Dans ces moments, elle dort peu sans se sentir fatiguée. Elle est mieux que bien. Elle ne s'est jamais sentie en aussi bonne forme.

On peut s'interroger sur la signification de ces changements d'humeur qui sont hautement évocateurs d'un épisode hypomaniaque. Considéré seul, cet état peut ne pas être pathologique. Tout le monde a envie d'être dans un état pareil. Cependant de tels phénomènes doivent alerter sur le diagnostic possible d'hypomanie, surtout en cas d'association à une dépression. Les épisodes hypomaniaques sont à distinguer des réactions normales de l'humeur, et surtout il ne faut pas les confondre avec une guérison de la dépression. Le fait que les changements soient observés par autrui « comme si quelque chose allait trop bien », et surtout s'ils sont récurrents (ou cycliques) oriente vers le diagnostic d'hypomanie.

L'hypomanie partage une symptomatologie commune avec la manie, mais les degrés d'intensité, de sévérité et surtout les conséquences vont les distinguer. On considère l'hypomanie comme une forme atténuée de la manie.

---

1. Extrait de Marie-Christine Hardy-Baylé, Patrick Hardy, *Maniaco-dépressif. L'Histoire de Pierre*, Odile Jacob, 1996.

	Manie	Hypomanie
– Humeur [élévation/ irritabilité]	+++	++
– Nombre de symptômes	≥ 3	≥ 3
– Durée de l'épisode	≥ 1 semaine (aucun seuil si hospitalisation)	≥ 4 jours
– Sévérité	++++	++
– Éléments psychotiques (délire, hallucinations)	+++	absents
– Handicap (social, professionnel)	++++	++
– Hospitalisation	+++	absente
– Recours aux neuroleptiques	++++	±

Comme l'hypomanie est par définition un épisode mineur, se pose alors la question de la séparation avec des variations normales de l'humeur et de l'énergie. Les éléments suivants peuvent aider à caractériser l'hypomanie :

- caractère disproportionné de l'épisode par rapport à l'événement déclenchant ;
- perturbation ou médiocrité du jugement social ;
- colère et irritabilité souvent associées ;
- inquiétude de l'entourage face au changement thymique ou comportemental ;
- conséquences relationnelles ou financières péjoratives ;
- notion de virage ou passage brutal à un état opposé (dépression pré- ou posthypomaniaque) ;
- caractère « cyclique » ou « récurrent » (alors que la joie normale ne l'est jamais !).

Les manifestations de l'hypomanie sont mieux observées par l'entourage proche que par le patient. Durant les épisodes maniaques et hypomaniaques, les patients ignorent (ou refusent) l'idée qu'ils sont « malades » et par conséquent ils demandent rarement une consultation de leur propre chef ! D'où l'importance capitale d'avoir un interrogatoire de l'entourage pour améliorer le dépistage des épisodes hypomaniaques.

➤ *Les états mixtes*

Dans les épisodes (hypo)maniaques et dépressifs typiques (ou « purs »), l'ensemble des dérèglements se fait vers la même polarité. Dans certains cas, les symptômes maniaques et dépressifs peuvent se superposer et coexister au sein d'un même épisode. Ils forment ainsi un « état mixte ». On peut donc avoir :

- des épisodes de manie avec des éléments dépressifs ou « manie mixte » : une humeur triste, des sentiments de pessimisme, des idées de suicide, une inhibition psychomotrice sont les plus fréquemment observés dans les manies mixtes ou dépressives. Environ un tiers des manies sont de nature mixte si on comptabilise au moins la présence de deux symptômes dépressifs associés. Comme l'expression clinique de la manie n'est pas typique, le diagnostic peut se porter de manière erronée vers des troubles anxieux ou de la personnalité ;
- des dépressions avec des éléments (hypo)maniaques constituent les « dépressions mixtes » ou irritabilité, agitation interne, encombrement de pensées ou hyperactivité comportementale coexistent au sein de l'épisode dépressif. La présence de deux ou trois symptômes hypomaniaques est suffisante pour évoquer le diagnostic de dépression mixte. Dans celle-ci le piège consiste

à ne pas reconnaître l'identité bipolaire et se limiter au diagnostic de dépression unipolaire.

M. G., 38 ans, chef d'entreprise, vient consulter pour un état de fatigue intense. L'examen ne révèle pas d'éléments orientant vers une cause organique quelconque. En même temps ce patient déclare une augmentation de la libido : « Dans ces moments je ne pense qu'au sexe ; c'est comme une obsession intenable. » L'expression pâle de son visage est déconcertante ; elle contraste avec un regard vif et un discours assez intense, voire arrogant. En questionnant sa conjointe, elle le décrit comme « habituellement chaleureux, gai, extraverti, bavard, avide de contacts sociaux, optimiste, petit dormeur et plein de projets... Il faut avoir la santé pour le suivre ; ce qui me gêne, surtout en société, c'est son côté exubérant, vantard et non conformiste ». M. G. présente probablement un « état mixte » du fait de la coexistence d'une fatigue (symptôme dépressif) avec une accélération de la pensée et une augmentation de la libido (symptômes contraires de nature maniaque).

Des épisodes aux troubles

Dans les paragraphes précédents, on a décrit les différents épisodes thymiques. Mais, pour caractériser un trouble de l'humeur, on doit tenir compte de certaines variables, schématiquement, la démarche clinique se fait en trois étapes :

➤ *Caractériser l'épisode actuel*

Quatre mots-clés sont nécessaires pour décrire la nature de l'épisode actuel : polarité, mixité, intensité et spontanéité
• Repérer la polarité dominante des symptômes qui caractérisent au mieux l'état actuel, au cours des deux dernières

semaines ; est-ce une polarité dépressive qui domine, comme se sentir inhibé, ralenti, triste ? ou maniaque comme hyperactif, accéléré, exalté ?
• Vérifier si l'ensemble des symptômes actuels sont de même polarité. Par exemple, on parle d'état mixte si l'épisode comporte quelques éléments de polarité opposée au tableau clinique dominant, comme une dépression agitée ou une manie avec humeur dépressive.
• Estimer l'intensité de l'épisode actuel :
  – pour la dépression, on parle de « majeure » (ou D) si on constate la présence d'au moins 5 symptômes dépressifs sur une période d'au moins de 2 semaines. Si ce seuil n'est pas atteint, la dépression sera désignée comme mineure ou subsyndromique ;
  – pour la manie (M), elle sera distinguée de l'hypomanie (m), en cas d'hospitalisation, de présence d'éléments psychotiques (idées délirantes, hallucinations) ou d'autres éléments de gravité comme des troubles sévères des conduites.
• Préciser si l'épisode actuel survient de manière spontanée ou à la suite d'un traitement psychotrope ; un épisode de manie ou hypomanie qui survient suite à un traitement antidépresseur (M' ou m') doit être distingué des hypomanies spontanées.

➤ Rechercher les manifestations persistantes mineures

À côté des épisodes majeurs, les troubles de l'humeur peuvent également s'exprimer par des manifestations persistantes d'intensité mineure ou subsyndromique. Parmi ces manifestations persistantes, on distingue trois diagnostics :
• Le trouble « dysthymie » qui représente une forme de dépression mineure (au moins deux symptômes dépressifs)

persistante, proche du tempérament dépressif. Dans la nomenclature classique, la dysthymie est à rapprocher de l'entité « névrose dépressive » et, de manière marginale, du « syndrome de fatigue chronique ».
• Le trouble « hypomanie pure permanente », avec une énergie excessive, des excès d'activité, une excitation mentale, est plus fréquemment observé chez les hommes, contrairement à la « dysthymie » qui est plutôt à prédominance féminine.
• Le trouble « cyclothymie » est un trouble biphasique avec une alternance d'épisodes subsyndromiques (ou mineurs) d'hypomanie et de dépression. L'expérience clinique montre que la cyclothymie constitue plutôt une structure affective instable.

Ces manifestations persistantes peuvent constituer des troubles à part entière ou être associées à des épisodes majeurs : par exemple une dépression majeure avec cyclothymie ; une dépression avec hypomanie permanente ou manie avec dysthymie ou cyclothymie.

➤ Établir un diagnostic complet

Un épisode n'est jamais représentatif d'un trouble de l'humeur. Il ne représente qu'un accident dans le parcours de la maladie. Le diagnostic final du « TROUBLE » de l'humeur doit tenir compte de l'ensemble des différentes variables cliniques actuelles et évolutives. Ce qui signifie qu'en plus de l'épisode actuel, il est capital d'explorer les antécédents personnels (épisodes antérieurs, fréquence des cycles, troubles persistants mineurs ou nature du tempérament) ainsi que l'histoire familiale. Cette tâche n'est pas facile, et assez peu respectée dans la pratique. Souvent le diagnostic se limite à la caractérisation de l'épisode actuel.

On comprend pourquoi beaucoup de cas recevront des diagnostics partiels ou incorrects, car l'ensemble des éléments nécessaires au diagnostic de bipolarité n'a pas été recueilli. Par exemple une dépression actuelle avec une cyclothymie ou des épisodes d'hypomanie antérieurs est à inclure dans les troubles bipolaires et doit être traitée de manière différente d'une dépression récurrente.

Pour guider le diagnostic final d'un trouble thymique, voici quelques éléments utiles recommandés par les experts des troubles bipolaires. Ces éléments sont aussi utiles pour les patients. Ainsi informés, ils peuvent livrer au médecin le maximum de renseignements sur la nature de leur trouble thymique.

Conseils pour porter un diagnostic complet d'un trouble de l'humeur

– Ne jamais confondre le diagnostic de l'« *épisode* » avec celui du « *trouble* ».
– Garder en mémoire la fréquence élevée des transformations diagnostiques dans le temps, d'une dépression récurrente en trouble bipolaire après 10-20 ans d'évolution.
– Être attentif aux changements cliniques (ou virages) spontanés ou sous l'effet des traitements ; donc être souple pour mettre en question les diagnostics antérieurs.
– Avoir recours à plusieurs entretiens pour accéder à l'ensemble des manifestations et établir un diagnostic précis et complet.
– Apprendre à être patient et se méfier des diagnostics hâtifs, un délai suffisant, mais pas trop long est nécessaire !
– Ne pas sous-estimer les informations apportées par l'entourage proche, surtout pour repérer les épisodes hypomaniaques.

> – Prendre l'habitude de dessiner ou d'illustrer de manière schématique l'ensemble des dérèglements de l'humeur chaque mois sur une page ; utiliser des couleurs : le rouge pour les manies et hypomanies et le bleu pour les épisodes de polarité dépressive.
> – Tenir avec son médecin un agenda sur une page intégrant l'évolution du trouble sur la vie entière ; cela permet de compter les épisodes antérieurs, le nombre de cycles par an, et surtout cela aide les patients à se rappeler leur histoire.
>
> E. Hantouche et B. Guitton, Le Quotidien du médecin,
dossier FMC, mars 2002.

Le trouble bipolaire, une ou plusieurs maladies ?

En rassemblant les éléments cliniques et historiques, on peut ainsi mieux connaître le « trouble bipolaire » dans sa globalité. De nombreuses études contemporaines ont révélé que les troubles de l'humeur ne se résument pas à deux formes fondamentales : les formes avec « manie » (trouble BP-I) et les « dépressions récurrentes » (trouble unipolaire ou UP). Des formes cliniques intermédiaires sont incluses entre ces deux pôles extrêmes et constituent un véritable spectre bipolaire.

Cette notion de formes intermédiaires ou atténuées a déjà été envisagée par J. Falret en 1852. Geoffroy, en 1861, dans sa thèse de médecine, a proposé deux degrés pour la folie à double forme :

- « au premier degré, la folie à double forme existe sans apparence de délire, et sans que les deux états soient bien prononcés. Aussi il n'est pas rare de rencontrer

dans la société des personnes qui, durant une semaine, un mois, une saison même, semblent sous l'empire d'une exaltation quelconque ; et la semaine, le mois, la saison qui suivent, sous l'empire d'une dépression qui leur font tenir une conduite tout opposée » ;
- « le second degré de la folie à double forme. Ce sont surtout les symptômes de la manie qui se dessinent nettement. Il y a peu d'incohérence, mais une loquacité excessive, des violences, des voies de fait, le tout accompagné des symptômes physiques propres à la manie. Puis viennent des hallucinations et des illusions de la vue et de l'ouïe surtout, principalement de nature gaie ».

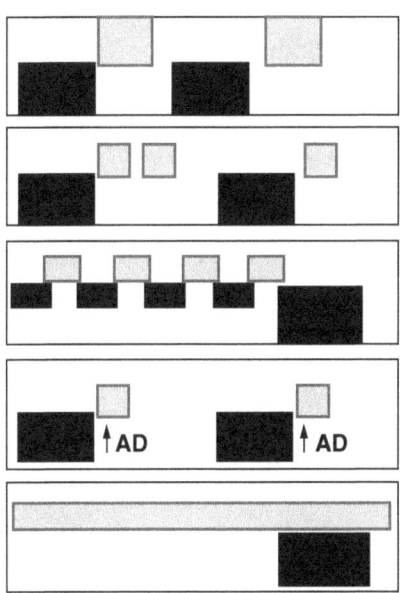

Trouble bipolaire type I :
Présence d'au moins un épisode maniaque

Trouble bipolaire type II :
Dépression majeure avec des épisodes hypomaniaques spontanés

Trouble bipolaire type II 1/2 :
Dépression majeure avec cyclothymie

Trouble bipolaire type III :
Dépression majeure avec ou manie hypomanie induite par le traitement antidépresseur (AD)

Trouble bipolaire type IV :
Dépression majeure avec tempérament hyperthymique

Spectre bipolaire
En noir les épisodes de polarité dépressive
et en gris les épisodes de polarité (hypo)maniaque

En 1880, Ritti reprendra les deux degrés sous cette forme :

- accès au premier degré : *états mélancoliques avec simple exaltation maniaque* – c'est l'équivalent des troubles BP-II qui comportent des dépressions majeures avec des hypomanies. Il est curieux de constater que, pour nos ancêtres, le trouble BP-II était positionné au premier degré et constituait la majorité des cas de folie à double forme. Les patients présentant ce trouble sont rarement hospitalisés ;
- accès au second degré : *accès de mélancolie avec délire et stupeur et accès de manie aiguë*, conceptions délirantes, incohérence – c'est le prototype classique de la bipolarité ou trouble BP-I avec ou sans éléments psychotiques associés, des formes habituellement rencontrées dans les hôpitaux psychiatriques.

➤ *Un épisode maniaque, le trouble BP-I*

Cette forme est caractérisée par la présence d'au moins un épisode maniaque (M). La forme classique est représentée par la « manie euphorique » (ou pure). D'autres formes de manie « irritable-hostile » et « dépressive » sont également rencontrées dans une proportion de 30 à 50 % selon les études. Dans la moitié des cas, on observe des idées « délirantes » et/ou des hallucinations, sans pour autant mettre en question la nature thymique du trouble. En fait, un nombre non négligeable de patients bipolaires reçoivent hâtivement des diagnostics comme schizophrénie, psychose brève atypique, bouffée délirante, trouble schizo-affectif. La survenue d'un épisode maniaque est une urgence psychiatrique qui nécessite le recours à une hospitalisation rapide en milieu spécialisé et la mise en place d'un traitement antimaniaque. Cette notion d'urgence est complémentaire pour distinguer la manie de l'hypomanie.

➤ *Une dépression majeure avec des hypomanies, le trouble BP-II*

Cette entité a été initialement proposée par David Dunner, en 1974, pour désigner les cas hospitalisés pour une dépression majeure ou mélancolie, mais avec des antécédents de manie atténuée ou hypomanie. Le diagnostic de BP-II est essentiellement basé sur le repérage de l'hypomanie dans l'histoire du patient, ce qui représente en pratique une tâche assez difficile pour le patient et son médecin. Ces patients consultent en phase dépressive et rarement en phase hypomaniaque. En pleine dépression, leur mémoire est sélectivement focalisée sur les épisodes antérieurs de nature dépressive et par conséquent ils ont du mal à se souvenir des épisodes antérieurs de nature hypomaniaque. Il faut parfois attendre la rémission dépressive pour pouvoir obtenir une meilleure information. Cependant, les membres de l'entourage peuvent être d'une aide précieuse pour pointer les antécédents d'hypomanie. Plus de la moitié sont reconnus comme des dépressifs et traités comme tels. Selon les enquêtes récentes, on estime qu'environ 40 % ou plus des dépressifs seraient des troubles BP-II. D'où l'importance de dépister systématiquement les épisodes hypomaniaques. Pour dépister l'hypomanie, une check-list à remplir par les patients a été validée en France (voir encadré ci-après).

Dans le trouble BP-II, on note souvent une forte association avec d'autres troubles, notamment l'abus de substances (alcool). Il est précisé dans le DSM-IV que la majorité des épisodes d'hypomanie doit être spontanée, essentiellement non liée aux traitements somatiques de la dépression.

Êtes-vous hypomaniaque ?

Veuillez répondre en cochant les cases correspondantes Vrai/Faux, en pensant **aux derniers épisodes antérieurs** durant lesquels vous vous êtes senti « bien dans votre peau », heureux, agité ou irritable.		
	Vrai	Faux
— Moins d'heures de sommeil.	☐	☐
— Davantage d'énergie et de résistance physique.	☐	☐
— Davantage de confiance en soi.	☐	☐
— Davantage de plaisir à faire plus de travail.	☐	☐
— Davantage d'activités sociales (plus d'appels téléphoniques, plus de visites).	☐	☐
— Plus de déplacements et voyages ; davantage d'imprudences au volant.	☐	☐
— Dépenses d'argent excessives.	☐	☐
— Comportement déraisonnable dans les affaires.	☐	☐
— Surcroît d'activité (y compris au travail).	☐	☐
— Davantage de projets et d'idées créatives.	☐	☐
— Moins de timidité, moins d'inhibition.	☐	☐
— Plus bavard que d'habitude.	☐	☐
— Plus d'impatience ou d'irritabilité que d'habitude.	☐	☐
— Attention facilement distraite.	☐	☐
— Augmentation des pulsions sexuelles.	☐	☐
— Augmentation de la consommation de café et de cigarettes.	☐	☐
— Augmentation de la consommation d'alcool.	☐	☐
— Exagérément optimiste, voire euphorique.	☐	☐
— Augmentation du rire (farces, plaisanteries, jeux de mots, calembours).	☐	☐
— Rapidité de la pensée, idées soudaines, calembours.	☐	☐
Un score total de 10 ou plus serait évocateur du diagnostic d'hypomanie (Hantouche *et al.*, 1998 ; Angst *et al.*, 2004)		

➤ Une dépression majeure avec cyclothymie, le trouble BP- II 1/2

C'est le prototype d'un trouble BP atténué, le mieux illustré selon le DSM-IV, par une alternance des épisodes hypomaniaques et dépressifs mineurs. Selon les experts, il s'agit plutôt d'un tempérament instable ou cyclothymique qui prédispose à la dépression récurrente (voir encadré).

Avez-vous un tempérament cyclothymique ?

(Hantouche, Kochman & Akiskal, *Encéphale*, 2001, n° spécial) Veuillez répondre en cochant les cases « Oui » ou « Non » à la question suivante :		
QUELS SONT LES ÉLÉMENTS CARACTÉRISTIQUES DE VOTRE ÉTAT D'HUMEUR HABITUEL ?		
	OUI	NON
1. Je me sens souvent fatigué sans raison.	☐	☐
2. Je ressens les émotions de façon particulièrement intense.	☐	☐
3. J'ai des changements brutaux d'humeur et d'énergie.	☐	☐
4. Mes sentiments ou mon énergie sont « trop hauts » ou « trop bas », rarement « entre les deux ».	☐	☐
5. Je me sens souvent déprimé pendant quelques jours puis en pleine forme.	☐	☐
6. Mes capacités de pensée varient beaucoup (par exemple entre avoir l'esprit vif ou confus).	☐	☐
7. Je prends grand plaisir à rencontrer d'autres personnes puis m'en désintéresse totalement.	☐	☐
8. J'ai tendance à exploser, puis je m'en veux.	☐	☐
9. J'ai l'habitude de commencer des choses puis de m'en désintéresser complètement.	☐	☐
10. Mon humeur change souvent sans raison.	☐	☐
11. Parfois je me sens bouillonnant d'énergie et à d'autres moments très paresseux.	☐	☐

12. Je peux être d'excellente humeur avant de m'endormir et me réveiller avec la sensation que la vie ne vaut pas la peine d'être vécue.	❏	❏
13. On m'a fait remarquer que j'ai des périodes de pessimisme au cours desquelles j'oublie mes moments d'optimisme et d'enthousiasme.	❏	❏
14. Ma confiance en moi-même varie d'un extrême à l'autre.	❏	❏
15. D'un jour à l'autre, je peux être sociable, « boute-en-train » ou isolé, seul dans mon coin.	❏	❏
16. Mon besoin de sommeil est très variable, de quelques heures à plus de 9 heures par nuit.	❏	❏
17. Je peux ressentir les choses de façon très vive ou au contraire très terne.	❏	❏
18. Je peux être triste et gai en même temps.	❏	❏
19. J'ai souvent tendance à « rêver » dans la journée à des choses que les gens considèrent irréalistes.	❏	❏
20. J'ai parfois très envie d'avoir des comportements risqués ou scandaleux.	❏	❏
21. Je suis tombé fréquemment amoureux dans ma vie.	❏	❏

L'association de dépression majeure avec un tempérament cyclothymique constitue une forme distincte, désignée actuellement comme « BP-II 1/2 », car intermédiaire entre le trouble BP-II avec hypomanie spontanée et le trouble BP-III avec des hypomanies liées aux traitements antidépresseurs. De plus, cette forme semble distincte des BP-II classiques, ce qui légitime une désignation à part. La présence d'un tempérament cyclothymique est un marqueur robuste de bipolarité ; en effet, 88 % des dépressifs avec cyclothymie ont présenté des épisodes hypomaniaques. Cependant ce trouble est à distinguer du BP-II : âge de début plus précoce des premiers épisodes dépressifs (avant l'âge de 21 ans), un potentiel de récurrence et un risque suicidaire nettement plus importants que les troubles UP et BP-II. Dans cette forme fortement instable, les épisodes hypomaniaques sont associés à des conduites à risque (imprudence au volant, augmentation des pulsions sexuelles), dommageables pour la santé (abus de tabac et d'alcool) et socialement condamnables (irritabilité, comportement déraisonnable dans les affaires).

> « Ce sont des sujets que l'on voit passer brusquement et sans motifs suffisants de l'enthousiasme au découragement, de la hardiesse à la timidité, de l'altruisme à l'égoïsme… de l'expansion à la dépression dans les différents domaines de la sensibilité, de l'intelligence et de la volonté… Les états cyclothymiques se succèdent et se remplacent habituellement au bout de quelques heures ou de quelques jours… Il ne fait aucun doute que ces différents malades qui sont tous, à des degrés divers, des inquiets, des préoccupés, des obsédés, des phobiques… soient réunis dans un seul groupe nosologique… »

C'est ainsi que Gaston Deny en 1908 dans le premier article français sur la « cyclothymie » décrit ce trouble. Il considérait la cyclothymie comme une « constitution psychique spéciale » se manifestant pendant toute l'existence à partir de l'adolescence dont les frontières avec la pathologie maniaco-dépressive sont impossibles à tracer, de cause uniquement héréditaire et à prédominance féminine. Actuellement, cette constitution est abordée et validée comme un « tempérament cyclothymique » (ou biphasique) qui se caractérise par une instabilité émotionnelle avec des alternances rapides et cycliques entre fatigue et fraîcheur physique, entre pessimisme-optimisme, entre ruminations-insouciance, entre pensée confuse-créative, entre introversion-désinhibition sociale, entre hypersomnie-insomnie.

La comorbidité au sein de cette forme BP est la plus fréquente, notamment avec des obsessions, des crises de panique, une phobie sociale, un abus de substances (alcool, nicotine, stimulants), des troubles des conduites alimentaires (boulimie), des troubles de contrôle des impulsions (kleptomanie, trichotillomanie, achats pathologiques). Cette comorbidité complexe rend la reconnaissance diagnostique plus difficile. Un nombre non négligeable seront étiquetés personnalité borderline, et d'autres seront traités comme des dépressifs, anxieux ou boulimiques avec de fortes doses d'antidépresseurs.

Pour faciliter le repérage de cette forme particulière de bipolarité, certains experts proposent des formules simplifiées, comme la « règle des 3 » : 3 épisodes dépressifs ou plus, 3 médecins consultés ou plus, 3 antidépresseurs ou plus, 3 troubles associés ou plus, 3 métiers ou plus, 3 langues ou plus, 3 talents ou plus, 3 mariages ou plus !

➤ Une dépression avec un épisode de (hypo)manie après un traitement antidépresseur, le trouble BP-III

M. R., 40 ans, a été vu et traité par au moins par cinq psychiatres. Il présente une dépression chronique qui traîne depuis plus de cinq ans. Dans les courriers adressés par les collègues, les diagnostics sont « dépression névrotique avec personnalité narcissique fragile », « dysthymie », « double dépression ». Certains proposent même au patient une cure de sismothérapie. Suite à un traitement associant la combinaison de deux antidépresseurs à fortes posologies, M. R. devient légèrement euphorique et hyperactif. Il est ravi de ce changement : « Ça fait un bail que je ne me suis pas senti dans un tel état ; je vous remercie, Docteur, vous m'avez guéri de ma misérable souffrance... »

Il est vrai que face à des cas similaires, patient et médecin peuvent se réjouir d'une telle évolution. Dans le cas de M. R., son épouse ne partage pas cette réjouissance ; elle est, au contraire, inquiète au sujet de la transformation de l'état de son mari et téléphone alarmée et soucieuse : « Je crois que mon mari est un peu dérangé ; son comportement a radicalement changé. Il se sent trop confiant et fort. Il veut maintenant démissionner de son job, et projette de déménager pour une maison plus grande, alors qu'on n'en a pas les moyens financiers. » Le cas de M. R. illustre certains pièges où l'on considère des virages thymiques comme un début de guérison d'une longue dépression.

Dans ce trouble, les épisodes de manie ou d'hypomanie sont en majorité induits par (ou associés à) un traitement antidépresseur. La fréquence de cette forme est estimée entre 6 à 10 % de l'ensemble des dépressions majeures. Comme points communs avec le trouble BP-II, on note l'intensité de l'hypomanie et l'histoire familiale de bipolarité. Ces éléments légitiment donc la place de ces cas au sein du spectre bipolaire. Dans une étude française récente, on a mis en évidence que le trouble BP-III se distinguait par une dominance des traits dépressifs persistants, par un âge de début avancé des épisodes majeurs et une sévérité augmentée des épisodes dépressifs avec le recours plus fréquent aux électrochocs. La notion de suicide dans l'histoire familiale est également caractéristique du trouble BP-III (13 % de suicides complétés !). Dans la pratique, le piège serait de considérer un virage thymique comme un début de guérison d'une très longue dépression.

➤ *Une dépression hyperthymique, le trouble BP-IV*

L'hyperthymique rassemble des traits hypomaniaques persistants ou intermittents. C'est un tempérament qui renforce le sens du commandement ainsi que la réussite sociale.

Les dépressions associées à ce tempérament surviennent à un âge plus tardif que celles qui dérivent d'une dysthymie. Elles se caractérisent par une expression clinique, souvent de nature sanguine et mixte (par exemple manque d'énergie associé à une hyperactivité mentale intense ; tristesse associée à des pulsions sexuelles intenables).

Les troubles bipolaires juvéniles

Les choses se compliquent quand il s'agit de décrire les troubles bipolaires chez les jeunes. Jusqu'à une époque récente, on enseignait que la bipolarité ne touchait pas les enfants ! Les aspects cliniques sont différents de ceux des adultes. Cependant, les données concernant la cyclothymie sont identiques à tous les âges. Une évaluation plus fine des jeunes présentant des syndromes dépressifs avec des manifestations hétérogènes comme des troubles de conduite, des épisodes violents, des indices d'impulsivité ou de suicide, montre à l'évidence qu'il peut s'agir d'authentiques troubles bipolaires. En France, un jeune enfant ou un adolescent est rarement diagnostiqué comme souffrant de bipolarité. Cette réalité contraste de manière nette avec les données épidémiologiques révélant que les troubles bipolaires débutent dans plus de la moitié des cas avant l'âge de 18 ans. Kraepelin insistait déjà, il y a plus de quatre-vingts ans, sur le rôle de l'adolescence dans l'initiation de la maladie bipolaire. À cela s'ajoutent une montagne d'arguments démontrant que les troubles récurrents de l'humeur à début précoce, que l'on peut considérer légitimement comme des crises passagères de l'adolescence, sont en fait de véritables troubles qui vont évoluer sur la vie entière du sujet. L'idée de base erronée postulait que les jeunes étaient incapables de manifester cliniquement des symptômes de manie. Maintenant on constate que 20 à 40 % des patients bipolaires ont commencé leur trouble dans l'enfance avec des masques de dépression, mais surtout des masques d'anxiété (TOC, panique, timidité excessive). Déjà une preuve en faveur de la connexion anxiobipolaire !

Les premières manifestations observables de la bipolarité ne sont pas nécessairement celles que l'on rencontre chez les patients adultes. En analysant la période précédant la survenue des épisodes, on observe des dérèglements comportementaux comme des crises clastiques, des colères explosives, des manifestations d'un trouble de l'attention, des épisodes cycliques d'hyperactivité ou de gaieté bruyante, associés souvent à des épisodes dépressifs brefs et/ou majeurs. Chez les jeunes patients à risque de devenir bipolaires, on note la fréquence élevée de la dysthymie, la dépression majeure, des traits cyclothymiques associés à des conduites et/ou des traits obsessionnels-compulsifs. Parfois c'est la présence d'une labilité émotionnelle persistante associée à des conduites antisociales et délinquantes survenant vers l'âge de 15 ans, qui apparaît prédictive d'un trouble bipolaire.

Les phases dépressives se déclarent souvent dans un contexte d'une hypervigilance passionnelle où l'humeur dépressive s'accompagne d'une tension interne et d'une agitation mentale. Les épisodes sont plutôt d'allure « mixte » (association de symptômes dépressifs et maniaques), simulant une délinquance périodique. L'amélioration de ces comportements perturbateurs juvéniles avec les thymorégulateurs appuie également cette observation. De même, le taux élevé, autour de 33 %, de virages après une exposition à un antidépresseur, est un autre argument.

L'existence d'une symptomatologie mineure persistante serait le témoin d'une vulnérabilité à un trouble bipolaire ou de l'existence d'un trouble bipolaire déjà installé. Selon mon ami le Dr F. Kochman, travaillant à Lille, la présence de traits cyclothymiques et d'hypersensibilité semble être le meilleur facteur pour prédire la nature bipolaire d'une dépression juvénile ainsi que le risque de passages à l'acte violents et suicidaires. Par exemple, le taux de tentatives de suicide était de 57 % chez les bipolaires cyclothymiques *versus* 20 % chez les bipolaires non cyclothymiques. On touche ici l'importance qu'il y a à connaître la bipolarité et la cyclothymie dès l'enfance et l'adolescence pour anticiper les risques de suicide et de violence chez les jeunes, et surtout la majoration de ces risques par les antidépresseurs.

La fréquence réelle des troubles bipolaires

La prévalence de la forme classique (ou BP-I) a été longtemps estimée à 1 % de la population générale (soit plus de 600 000 patients en France) et celle du trouble BP-II à 0,5 %. Ces chiffres seront nettement réévalués à la hausse pour atteindre, dans les enquêtes plus récentes, des seuils compris entre 5 et 8 % de la population générale (tableau).

Le taux de prévalence de la bipolarité

Diagnostic	Nombre d'enquêtes	Taux de prévalence
– Trouble BP-I	22	0,0 – 2,4 %
– Trouble BP-II	11	0,3 – 3,0 %
– Cyclothymie	5	0,5 – 2,8 %
– Symptômes Hypomanie	2	2,2 – 5,7 %
– Spectre total	**11**	**2,6 – 7,8 %** (10,8 %)*

* Donnée récente de l'étude de Zurich (Pr. Jules Angst, 2002)

Les divergences au sujet des chiffres de prévalence de la bipolarité peuvent s'expliquer par de multiples facteurs :
- hétérogénéité des critères de définition des troubles (flagrante pour la bipolarité atténuée) ;
- extension des critères diagnostiques (par exemple durée seuil des épisodes ≥ 4 jours pour l'hypomanie dans le DSM-IV, alors qu'une durée de 2 jours ou plus est suffisante) ;
- questionnaires et types d'interviews utilisés ;
- sélection et taille de la population ;
- expertise des enquêteurs (cliniciens ou non-cliniciens) ;
- nombre des interviews de la même personne (isolées ou répétées) ;
- information obtenue de l'entourage ;
- moment de l'interview (au cours ou loin de l'épisode dépressif).

Les trois derniers facteurs sont les plus importants pour les patients et les cliniciens pour accéder correctement au diagnostic de bipolarité.

On comprend bien qu'en l'absence de critères spécifiques ou physiopathologiques (ce qui est rare en psychiatrie), la prévalence globale du spectre BP peut varier d'une enquête à une autre. Certains troubles ne trouveraient pas de vrai statut comme l'hypomanie brève récurrente, l'hypomanie induite par antidépresseurs ou la cyclothymie...

Dans une enquête récente, la plus large au monde (plus de 80 000 sujets inclus), il a été montré qu'environ 3,8 % de la population générale américaine serait atteinte de trouble bipolaire, BP-I et BP-II et seulement 18,2 % des bipolaires auraient été correctement détectés, 41,4 % mal diagnostiqués et 40,5 % jamais diagnostiqués.

Cependant la plupart des cliniciens, en France, restent sceptiques en ce qui concerne les données épidémiologiques récentes réalisées. Pour les convaincre, il était nécessaire de réaliser des enquêtes portant sur des cohortes de patients consultant en psychiatrie ou en médecine générale. Il s'agit de « populations cliniques ». Ces enquêtes, plus d'une dizaine, ont confirmé la fréquence élevée de la bipolarité en révélant qu'environ 27 à 65 % de l'ensemble des dépressifs majeurs qui consultent seraient des bipolaires, surtout des BP-II. Dans l'étude française EPIDEP que j'ai coordonnée avec la collaboration de 48 psychiatres travaillant dans 15 villes, on a pu montrer que le diagnostic de BP-II était empiriquement porté chez 21 % des 534 dépressifs inclus. Mais après un dépistage correct de l'hypomanie, la fréquence de BP-II a doublé (39 %). Trois enquêtes récentes réalisées en France dans des populations plus larges (total de 2 500 patients) ont porté sur les dépressions récurrentes ou résistantes. La fréquence du trouble BP-II est estimée à 65 % environ !

L'épidémiologie ne se limite pas aux chiffres relatifs de la fréquence d'un trouble mental. Elle est également utile pour évaluer l'impact d'un trouble par rapport à un autre trouble ou par comparaison aux cas témoins ne souffrant pas de troubles mentaux. Mis à part les problèmes de définition du spectre BP, on constate, de manière régulière, que le fardeau psychosocial de la bipolarité est plus sévère que celui des dépressions récurrentes sans indice de bipolarité. Des complications manifestes sont observées aux niveaux relationnel, professionnel et financier ainsi que des comportements à risque (excès de vitesse, bagarres fréquentes, crimes mineurs, fausse délinquance, abus de substances). Ainsi, si les critères utilisés pour définir les indices de bipolarité (hypomanie, cyclothymie) ne sont pas convaincants, en revanche, le fardeau de la bipolarité serait un argument tangible. À cela viennent s'ajouter d'autres arguments, comme l'âge de début de la bipolarité qui est plus précoce que dans le trouble UP, le risque suicidaire plus important (de 25 à 60 %), l'absentéisme professionnel plus fréquent et la qualité de vie plus altérée. Autant d'éléments qui justifient un repérage précoce et une thérapeutique appropriée de la bipolarité.

Mais la réalité nous montre qu'on est encore trop loin. Une enquête récemment conduite au Danemark a révélé que seuls 30 % des patients BP ont consulté au moins une fois en psychiatrie au cours de l'année écoulée, et moins de la moitié ont reçu un traitement minimal adapté, soit au total 13 % seulement des BP peuvent être considérés comme suivis et traités de manière plus ou moins correcte !

CHAPITRE 3

L'association TOC-troubles bipolaires

À la découverte du « double mal »

► *L'histoire de Sophie*

La première fois, j'ai reçu les parents seuls car Sophie, âgée de 11 ans, était hospitalisée depuis des mois à Paris et son état ne s'améliorait pas, même sous l'effet du Prozac® (c'était en 1994). Les parents venaient de province et ils assistaient de manière impuissante à la dégradation de l'état de leur fille. Son histoire débute apparemment comme une anorexie mentale (restriction alimentaire, perte significative de poids) qui s'avéra être par la suite symptomatique d'un véritable TOC (éviter de manger par peur des microbes). Sophie hésitait des heures avant de décider si elle prenait le dessert ou le fromage « pour cela, je faisais des petits papiers sur lesquels j'inscrivais "fromage" ou "dessert" et après je faisais voter les membres de la famille et éventuellement les voisins ».

Lors de l'entretien avec les parents, je note que le grand-père maternel était probablement cyclothymique. La prescription d'un thymorégulateur, le valproate (la Dépakine®), me semble nécessaire car ce médicament n'est pas seulement un antimigraineux et un antiépileptique. Ma suggestion auprès de mes collègues n'est pas bienvenue mais, coup de chance, après l'augmentation de la dose de Prozac® à 60 mg/j alors que Sophie ne pesait que dans les 25 kg, elle a présenté une crise convulsive passagère, la Dépakine® fut alors acceptée. L'effet a été spectaculaire et visible en quelques semaines avec un traitement combinant Prozac® + Dépakine®. Dix ans ont passé depuis la première consultation. Le bilan actuel ne montre aucune rechute. Sophie a obtenu son Bac et a réussi sa formation d'éducatrice. Le traitement au long cours comporte des petites doses du thymorégulateur, un traitement, je dirai, presque homéopathique !

Sophie souffrait donc d'un TOC bipolaire. Mais à l'époque où j'ai suggéré ce diagnostic, en 1994, c'était, pour les autres psychiatres impliqués dans les soins de Sophie, comme si j'inventais un nouveau diagnostic !

Dans mon expérience clinique, j'ai connu d'autres patients, Guy, Christine et Michel nous livrent leur histoire où le TOC n'était pas isolé, mais associé à un autre mal, la bipolarité.

➤ Le Prozac® me rendait fou !

J'ai connu Guy, il y a plus de quinze ans. Il était âgé de 68 ans. Il est venu consulter pour ses TOC complexes et réfractaires qu'il a cachés durant des dizaines d'années.

> « Depuis mon enfance, je suis atteint de TOC, comme mon père probablement. Je rangeais mes jouets au lieu de jouer avec. Toute ma vie, cette maladie m'a suivi, bien que je sois actuellement très amélioré. Je l'ai découverte, il y a une vingtaine d'années et j'ai

appris à dissimuler ma souffrance et à la garder secrète, même vis-à-vis de mon entourage le plus proche. Après avoir consulté plusieurs médecins, mon état s'aggravait systématiquement avec la prise des médicaments anti-TOC. La thérapie comportementale fut pour moi un désastre. Chaque séance était suivie d'angoisse et d'une crise de panique. On a dû l'arrêter assez vite. Personne ne devait voir quoi que ce soit. »

« Je deviens fou si je prends ces médicaments. » Il parlait de l'Anafranil® et du Prozac®. De même, il ne pouvait pas tolérer les exercices de la thérapie comportementale. Que faire pour une personne souffrant d'un TOC sévère depuis plus de cinquante ans et intolérante aux remèdes disponibles ? Il fallait comprendre le TOC de Guy sans se précipiter sur les prescriptions médicamenteuses. Guy a apprécié cette approche prudente qui a consisté au début à chercher l'ensemble des facteurs pouvant expliquer sa réactivité négative aux médicaments. Malgré une détresse sévère, on notait chez lui sa réussite professionnelle ainsi que des traits de caractère comme ténacité, aisance sociale, hyperactivité et hypersexualité. Ces éléments m'ont fait penser à la présence d'une bipolarité discrète, plutôt à une personnalité hypomaniaque, et m'ont incité à tenter un traitement stabilisateur de l'humeur. Et ça a marché !

Guy avait l'habitude de dire quand il témoignait : « Je peux dire qu'actuellement je suis amélioré grâce à un psychiatre qui m'a ordonné des antidépresseurs et un régulateur d'humeur et qui m'a, sinon guéri, du moins fait progresser. En fait, il a su préparer mon cerveau à tolérer le Prozac®. Avant il m'était impossible de supporter ce médicament, car il me rendait carrément fou. »

Dans le cas de Guy, c'est la réactivité excessive au traitement et certains traits de tempérament hypomaniaque qui ont conduit vers la piste bipolaire. Dans d'autres situations, c'est la sévérité et la complexité du tableau clinique qui peuvent suggérer la connexion bipolaire.

➤ Avec mon TOC, j'ai fait dix tentatives de suicide

Christine, jeune fille de 22 ans, est adressée en 1991 pour un TOC sévère et résistant. C'est une personne de contact facile, attachante et surtout assez sensible. Son histoire se résume brièvement par des obsessions de malheur essentiellement focalisées sur la santé de la mère, avec des dépressions et surtout plus d'une dizaine de tentatives de suicide. Au cours des six premiers mois de suivi, aucun indice de bipolarité n'a été visible. Ce point est important car la bipolarité peut être « cachée » et de ce fait il convient d'être attentif à une transformation bipolaire au cours de l'évolution du TOC.

> « Depuis tout enfant, j'avais peur de mon père qui paraissait à mes yeux, dur et froid. Vers l'âge de 6 ans, je m'obligeais à faire des prières, aller à la messe (j'allais par périodes le soir à l'église pour demander à Dieu que ma mère vive heureuse très longtemps). Je citais rarement mon père dans mes prières. Quelque part j'avais le désir qu'il disparaisse, car ma mère me faisait comprendre que son malheur venait de son mariage. De là ont débuté des fantasmes sexuels et des sacrifices compulsifs de toute sorte qui se sont aggravés... Cette première partie de ma vie s'est concrétisée par le suicide de mon "pauvre" père. En effet, il était très épris de religion et surtout atteint lui-même d'une névrose obsessionnelle qui le conduisit à une sorte de folie. J'avais alors 14 ans.
>
> « En ce qui concerne mes symptômes obsessionnels et compulsifs, ils ont toujours été liés au désir du bonheur de ma mère et pourtant parfois, quand je regardais ma mère, une voix dans ma tête disait : "Vivement qu'elle crève !" C'est atroce d'écrire cela, car j'aime

ma mère, je l'aime à la folie... Je me suis toujours obligée à prier. Donc je m'obligeais à effectuer des choses ridicules. Je savais que c'était idiot mais je me donnais toujours des obligations comme ramasser des papiers dans la rue, me mettre à genoux dans la rue et embrasser le sol en faisant des signes de croix (la difficulté était non pas l'effort physique mais affronter le ridicule devant les étrangers dans la rue), adopter des démarches à grands ou petits pas... À tous ces sacrifices, s'ajoutaient des rituels de vérification des lumières. Une obsession m'a beaucoup marquée, je m'imaginais devoir embrasser un rat pour que ma mère reste en vie. »

Christine souffre également de moments de malaise profond qui s'empare de son âme ; elle se sent aspirée par l'envie d'en finir et disparaître. Elle affirme que ce n'est pas dû à ses obsessions ni à ses rituels. Il s'agit plutôt d'une envie noire, une profonde envie de ne plus appartenir à son corps et à son esprit... « La vie qu'on m'a offerte est un combat permanent. C'est pour moi le martyre et j'en veux à Dieu de me rendre si malheureuse. Merde, je ne suis pas un de ses cobayes. J'ai du mal à écrire cela car j'ai peur qu'il m'en veuille s'il existe et qu'il me châtie encore plus. »

Ces malaises surviennent une à deux fois par mois et correspondent à des épisodes dépressifs très brefs de deux ou trois jours et récurrents, ils expliquent sa dizaine de tentatives de suicide.

En raison de cette configuration de TOC-dépression récurrente (cycles ultrarapides)-comportement suicidaire-résistance aux traitements, un traitement thymorégulateur (Dépamide®) a été ajouté, Ce traitement a garanti une longue période de rémission.

Dans le cas de Christine, c'est la répétition des gestes suicidaires qui a attiré l'attention, le suicide récurrent n'est pas habituel dans le TOC classique ou isolé.

Dans ces deux cas, la découverte de la bipolarité a été guidée par une réactivité immédiate et négative aux médicaments anti-TOC chez Guy et par une résistance à ceux-ci avec un risque suicidaire élevé pour Christine. Donc, réactivité excessive ou résistance aux antidépresseurs, et risques (dépression, suicide, hospitalisation psychiatrique) sont des indices de reconnaissance du TOC bipolaire. À ce stade du livre, on peut déjà retenir les « 3 R » (risques, résistance ou réactivité excessive aux antidépresseurs) pour suspecter un TOC bipolaire.

➤ Je suis esclave de mes obsessions et des sautes d'humeur

Michel m'a envoyé une synthèse claire de sa double souffrance après qu'il a consulté plus de quatre médecins psychiatres. Il vient de publier, en 2002, un ouvrage sur la bipolarité, *Des hauts et des bas qui perturbent votre vie*. Actuellement sa bipolarité est soignée après des années d'errance diagnostique, mais son TOC est toujours là. Voilà comment Michel raconte sa double souffrance.

> « Des obsessions, des doutes, des manies, des pensées négatives et positives ont gâché ma vie pendant vingt-cinq ans et certaines pensées continuent à me harceler. J'en ai assez de mes souffrances morales, j'en ai assez de mes voix intérieures, de mes obsessions, de mes manies, de mes pensées, de mes idées qui m'entraînent à faire n'importe quoi. Tout cela me conduit inévitablement à des gestes stupides sans cesse répétés, sans fin, à des comportements anormaux qui détruisent petit à petit ma vie et celle de mes proches, ma famille et mes amis ne comprennent pas, cela m'isole de plus en plus. J'éprouve des sentiments de honte, de culpabilité. Après des années d'incompréhension, j'ai eu la chance de rencon-

trer un bon psychiatre qui m'a fait comprendre l'origine du mal. Aujourd'hui à 40 ans, je réalise ce qui m'arrive. J'ai appris que les eaux de mon mal prenaient leurs sources dans deux maladies mentales : la bipolarité et les TOC.

« Les troubles bipolaires m'entraînaient vers des hauts et des bas, pour moi ces fluctuations avaient des conséquences catastrophiques pour mon existence. Les TOC entraînent des manies ou des rituels quotidiens insupportables non seulement pour la personne atteinte de ce mal mais aussi pour ses proches. Pour mieux lutter contre ces deux fléaux, j'ai voulu comprendre et apprendre. Voici le résultat de mes réflexions et de mes expériences :

« Le cerveau d'un patient bipolaire a un jaillissement d'idées plus important que celui d'un cerveau habituel. Ce flot important de pensées négatives et positives se déverse dans le réservoir d'idées, mais contrairement à une personne n'ayant pas cette maladie, le bipolaire est incapable de contrôler la montée du niveau de pensées dans son réservoir. En effet, le patient n'a pas la faculté mentale d'éliminer de lui-même un certain nombre d'idées, il les a dans la tête et n'arrive pas à s'en débarrasser. À force d'accumuler toutes ces pensées, non seulement ses jugements et ses décisions sont faussés, mais le réservoir finit aussi par déborder. Cela va donc inonder et noyer le cerveau, soit d'idées trop négatives, soit d'idées trop positives. À ce moment-là, il est déjà trop tard pour réagir.

« Le sujet bipolaire n'arrive pas à maîtriser ses idées, ses pensées, ses émotions, ses sentiments et ses actions car, derrière chacun de ses actes, il y a une pensée. Ses pensées négatives ou positives le gouvernent et il n'arrive pas à discerner le bien du mal, le vrai du faux ; ses jugements sont faussés, il ne sait pas se servir de son intelligence à bon escient. Les spécialistes estiment que les maniaco-dépressifs sont intelligents mais qu'il leur est impossible de se dominer ; la difficulté à se gérer est un handicap majeur dans leur vie. Le bipolaire risque à chaque phase de détruire son existence.

« Voilà les similitudes que je vois entre les deux maladies. »

Michel essaye de comprendre

Il analyse les interactions entre ses deux maladies en comparant leurs manifestations.

LES TROUBLES BIPOLAIRES	LES TOC
Dépression = Souffrance.	Obsessions + Angoisses = Souffrance.
Phase haute = Comportement anormal.	Obsessions + Rituels = Comportement anormal.
Au fond, manque de confiance en soi, surtout en phase basse et en phase de stabilisation.	Le doute permanent « KATUFÈ » Mauvaise estime de soi.
La honte de certaines conduites.	La honte des manies, des gestes ritualisés.
On s'isole, se cache après nos crises hypomaniaques.	On pratique nos rituels en cachette.
On ignore complètement sa maladie (surtout en phase maniaque).	On subit le TOC sans savoir que c'est une vraie maladie.
L'agressivité. Refus total d'être pris pour un malade.	On explose de colère si notre entourage provoque nos obsessions ou nous empêche de faire nos rituels.
Conflits répétés avec la famille, au travail et avec les amis.	Intolérance de l'entourage face à nos manies répétées sans fin tous les jours.
En phase haute et basse, le patient impose ses états d'âme et son rythme de vie à son entourage.	Le malade veut que l'entourage applique les mêmes rituels, règles et précautions. À force de s'imposer, on devient de vrais tyrans.

Mes TOC diminuent quand je suis dépressif et augmentent en phase maniaque

Les oscillations périodiques du trouble bipolaire exercent une influence particulière sur les TOC. Ainsi les patients trouvent leur TOC aggravé en phase hypomaniaque et atténué en phase dépressive.

Dans les phases d'excitation hypomaniaque, les obsessions peuvent devenir plus concrètes, vécues avec plus de réalisme avec plus d'impulsion conduisant le sujet à se livrer, sans lutte, à ses rituels ou à ses pensées obsédantes. On a évoqué la « réalisation joyeuse » des actes dans ces phases. Dans l'étude de Perugi, un tiers seulement des patients voient leur TOC s'atténuer en phase hypomaniaque. Ainsi un malade peut se remettre spontanément de son TOC (c'est en général assez spectaculaire), donnant alors au thérapeute, quelle que soit son obédience, la « fausse » joie de croire en une victoire thérapeutique jusqu'au retour d'une nouvelle phase, toujours plus pénible. Dans d'autres circonstances, on peut assister à une aggravation du TOC en raison de l'excès d'énergie apportée par l'hypomanie, notamment une accélération de la pensée (pensées intenses, rapides et encombrées), associé à un état d'agitation anxieuse interne. Ailleurs, on a parlé d'obsessions spéciales qui annonçaient la survenue d'un état maniaque, genre d'« aura maniaque ». Ce sont des « obsessions chromatiques » ou liées à des couleurs. Il paraît que c'est un phénomène unique caractéristique des prodromes des accès maniaques et non du TOC.

Le rapport entre mes TOC et les trois phases de mes troubles bipolaires
(selon Michel)

PHASE HAUTE	STABILISATION	PHASE BASSE
Obsessions moins présentes	Obsessions très présentes	Obsessions moins présentes
Angoisses moins importantes	Angoisses très importantes	Angoisses moins importantes
Rituels moins fréquents	Rituels permanents et quotidiens	Rituels moins fréquents
Cause : Dans mes phases d'excitation et de délire mon cerveau était rempli d'idées et de pensées positives et créatives. Cela laissait peu de place aux obsessions des TOC. De plus mes projets démesurés et mes actions multiples contribuaient à limiter les TOC. Le sentiment de puissance et d'une trop grande confiance en moi me permettaient de lutter contre les obsessions des TOC. Cela réduisait les rituels.	**Cause :** Dans cette phase, mes TOC redoublent de violence et mes obsessions sont permanentes. Y a-t-il un rapport avec le fait que mon cerveau produise moins de pensées bipolaires, ce qui permettrait aux obsessions des TOC de s'engouffrer dans ces passages inoccupés ? J'en suis persuadé. Plus je me stabilise dans ma bipolarité, plus mes TOC me font souffrir.	**Cause :** En dépression, les occasions d'avoir des obsessions dues au TOC sont moins fréquentes. En effet, en général, je reste chez moi dans ma chambre ou dans mon salon, prostré. Je passe du lit au canapé, du canapé au lit. Plus rien ne m'intéresse, tout m'est égal. Cependant des obsessions surgissent car il se peut que ma femme ou mes enfants touchent mes affaires et les salissent.

Les obsessions, l'angoisse et les rituels sont dans cette phase non seulement plus courts mais aussi moins intenses.		En fait on est moins exposé car les occasions de stress sont moins fréquentes quand on est enfermé dans sa prison-domicile et notre cerveau est noyé dans ses idées noires et suicidaires.
Exemple : En pleine phase haute, j'ai été embauché pour faire un salon professionnel. **Résultat :** J'ai monté et j'ai démonté le stand. J'ai pris dans mes mains des choses qui avaient touché le sol. Je me suis assis par terre. **Dans mon cerveau :** À chaque acte, une obsession surgissait. L'angoisse montait. Très vite cela disparaissait. **Mes rituels :** Très peu de rituels. Durée plus courte.	**Exemple :** Je suis invité à dîner, en arrivant le fils du propriétaire m'envoie sa balle pour jouer avec moi. Elle tombe à mes pieds sur la pelouse et le gamin me demande de la renvoyer. Je n'ai pas pu, j'étais comme paralysé. Dans le regard du petit garçon, je voyais des pensées du type : – Il ne veut pas jouer avec moi. – Il est méchant le monsieur. J'avais honte, j'allais chercher ma femme pour qu'elle m'aide et c'est elle qui l'a ramassé. Je me souviens encore du regard du gamin. **Je me souviens encore de ma honte.**	**Exemple :** Quand vous pensez tous les jours à vous suicider et que vous cherchez le moyen de mettre fin à votre vie : vos affaires salies ou pas salies, votre porte fermée ou pas fermée : **cela vous est complètement égal.**

La phase dépressive influence le TOC et on peut observer tous les cas de figure. Les cas les plus inquiétants, car suicidaires, sont ceux qui présentent une disparition soudaine de leur TOC en phase dépressive. On doit cette observation à un psychiatre anglais, Gittelson (1966). Il a soutenu l'hypothèse plausible que les symptômes du TOC ont en quelque sorte un rôle protecteur contre le suicide. Chez les patients soignés pour un TOC dépressif, une disparition rapide du TOC doit être systématiquement considérée comme une phase critique annonçant soit un risque de passage à l'acte soit un virage de l'humeur, donc un TOC bipolaire ! Donc, une amélioration rapide ou spectaculaire sous traitement ne doit en aucun cas réjouir ni le thérapeute ni le patient, mais plutôt les inquiéter sérieusement.

Par ailleurs, le TOC, en phase dépressive, peut s'atténuer en surface, car le sujet est tellement ralenti par sa dépression qu'il n'a plus la force d'exécuter ses rituels. Des sentiments assez forts de désespoir et de culpabilité peuvent induire des idées de mort ou de suicide. Dans d'autres cas, sous l'effet de la dépression, le sujet peut devenir, à l'inverse, plus irritable, colérique, hostile et impulsif, avec là aussi, une exagération de la probabilité de passer à l'acte. De plus, on a observé des cas de transformation du TOC en délire au cours des épisodes dépressifs. Les patients décrivent le jaillissement des idées délirantes comme une gerbe lumineuse ou l'épanouissement d'une fusée. Ce phénomène est typique des dépressions mixtes où les phénomènes mentaux sont plutôt de nature maniaque (rapides, intenses, chargés de bizarrerie...). Le mélange de tous ces phénomènes peut fausser l'orientation diagnostique vers une psychose.

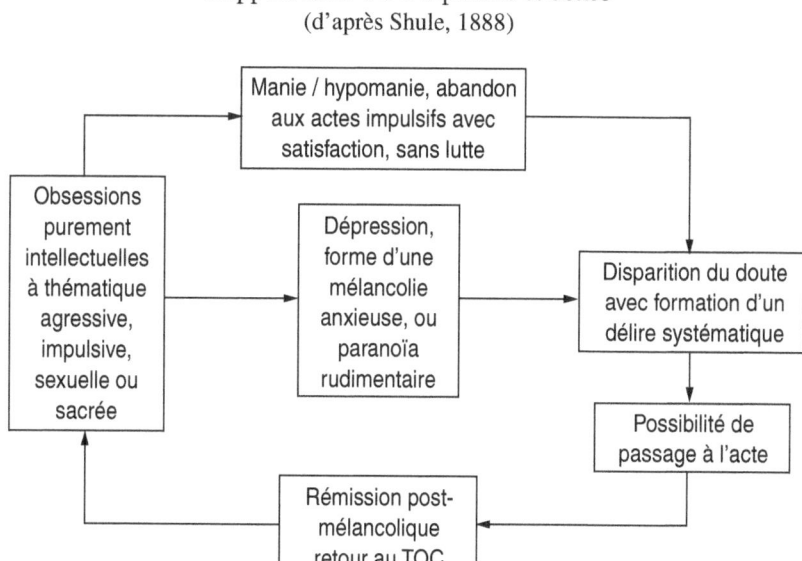

Rapport entre TOC bipolaire et délire
(d'après Shule, 1888)

Comment rechercher l'association TOC-troubles bipolaires ?

Le TOC a quitté le domaine des névroses et la bipolarité celui des psychoses, et la réalité clinique nous révèle chaque jour la présence, chez un nombre non négligeable de sujets, une mixture des deux troubles. Une très large enquête américaine, réalisée au début des années 1980 sur une population de 18 000 sujets, a montré la présence du TOC chez 20 % des sujets atteints de bipolarité contre 11 % seulement chez les dépressifs unipolaires, soit le double. Donc, un résultat éloquent qui va dans le sens d'un lien privilégié entre TOC et bipolarité, mais, pour des raisons mystérieuses, cette donnée sera par la suite éclipsée et peu diffusée dans la littérature !

➤ *Pourquoi le TOC bipolaire est-il resté méconnu ?*

Est-il possible de rater une entité assez fréquente déjà décrite au XIXᵉ siècle ? La psychiatrie française a probablement oublié son glorieux passé, et la psychiatrie américaine est prisonnière d'un excès de rigueur éclipsant la justesse de l'observation clinique. L'usage des critères précis, souvent rigides, des troubles mentaux et le recours à des entretiens standardisés, avec des enquêteurs bien formés (mais non cliniciens) a fait rater complètement le spectre de la bipolarité, et par conséquent la connexion entre TOC et bipolarité. Par exemple, dans une étude française faite à l'américaine, la prévalence des troubles bipolaires (même dans sa forme la plus classique ou BP-I) a été estimée à 0 % !

Je pense que des entités comme le TOC bipolaire ont été « invisibles » pour de multiples raisons, en voici quelques-unes :

- *la non-reconnaissance du spectre bipolaire*, notamment dans ses formes cliniquement atténuées, comme les épisodes d'hypomanie ou les traits cyclothymiques. En appliquant les critères du DSM-IV, on peut facilement rater une large proportion des cas bipolaires, d'où la nécessité de tenir compte de la globalité du spectre bipolaire, comme les hypomanies brèves récurrentes et surtout la cyclothymie ;
- *l'absence de recherche systématique* des troubles anxieux chez les sujets qui sont connus comme bipolaires, et *vice versa*, et surtout des troubles bipolaires atténués dans les troubles anxieux ;
- *l'idée reçue que l'association entre anxiété et bipolarité est contre-intuitive*, c'est-à-dire contre le « bon sens » clinique qui accepte plus volontiers l'association

entre anxiété et dépression et présume que les bipolaires sont en quelque sorte vaccinés contre l'anxiété ;
- *l'élargissement de l'usage des antidépresseurs* dans les différents troubles anxieux, comme le trouble panique, le TOC et plus récemment la phobie sociale et le trouble anxiété généralisé. Cet argument pharmacologique a renforcé dans l'esprit des cliniciens la connexion anxio-unipolaire. Même traitement, donc même spectre clinique ou continuité entre l'anxiété et la dépression ;
- *la réticence des psychiatres face aux nouveautés nosologiques ;*
- *la complexité des manifestations bipolaires.*

➤ *Les TOC sont plus faciles à diagnostiquer que les hypomanies et la cyclothymie*

En raison de leur structure particulière et de la spécificité du vécu du trouble, les symptômes du TOC sont plus faciles à déceler avec des questionnaires standardisés. Ce qui n'est pas le cas pour dépister les épisodes d'hypomanie et la cyclothymie. Par exemple, il est fréquent de rater plus de la moitié des cas d'hypomanie avec des questions comme : « Avez-vous des périodes où vous vous sentez euphorique, exalté ? » Par contre, si on questionne le sujet sur la présence des périodes « où il se sentait plus actif, dynamique, speed, plein de projets », on peut recueillir de manière plus correcte les cas avec hypomanie. Pour mieux capter ces indices bipolaires, il existe donc des règles à respecter comme avoir recours aux cliniciens (et non à des enquêteurs), répéter les entretiens, obtenir l'opinion de l'entourage, affiner les questionnaires en fonction des items les plus discriminants et significatifs. En l'absence de ces précautions, il n'est pas étonnant que ces enquêtes dites « rigoureuses » ne captent que les épisodes dépressifs associés au TOC.

Par rapport au TOC, la cyclothymie est encore de loin moins visible, aux yeux des patients, de l'entourage et des médecins. Les dérèglements de la stabilité des émotions, de l'énergie et des fonctions cognitives font partie de la substance du soi et de l'âme. La cyclothymie est une « nature » et pas une association de symptômes étranges et contraires aux valeurs et convictions intimes du sujet (comme dans le TOC). Est-ce là un vrai obstacle contre la reconnaissance de la cyclothymie ?

À partir des années 1990, certains centres, notamment en Italie et puis en France, ont effectué une recherche spécifiquement consacrée à l'association des troubles anxieux et bipolaires. Les résultats de ces études sont présentés dans deux directions : la première évalue la fréquence du TOC au sein des troubles thymiques (unipolaires et bipolaires) et l'autre explore la nature des troubles de l'humeur au sein du TOC.

▶ *Rechercher le TOC au sein des troubles de l'humeur*

Initialement aux XVIIe et XVIIIe siècles, le TOC était considéré comme une variante de la mélancolie ; on parlait de « mélancolie superstitieuse » ou de « mélancolie scrupuleuse ». Ce n'est qu'au XIXe siècle que les obsessions seront abordées comme une maladie à part. Cependant, les liens existant entre TOC et trouble de l'humeur seront ultérieurement renforcés par la découverte de l'effet anti-TOC de certains antidépresseurs, surtout la clomipramine (dès 1967). Cette découverte a donc privilégié la piste de la comorbidité dépressive avec le TOC, car le même traitement soigne la dépression et le TOC. Plus tard, l'étude américaine ECA déjà citée révèle que le taux de TOC est deux fois plus élevé dans le trouble bipolaire (20 %) que dans le trouble dépressif unipolaire (10 %). Mais les chercheurs citent rarement ce résultat.

Dans les groupes de jeunes patients bipolaires, on observe une fréquence élevée (plus de 50 %) de comorbidité anxieuse (Baskir 1987 ; Wozniak 1997). Plus récemment, une étude italienne réalisée dans une cohorte de jeunes patients souffrant de troubles bipolaires, a montré que 44 % des cas présentaient un TOC, 40 % une phobie sociale, 26 % un trouble panique, 18 % une anxiété généralisée et 16 % une anxiété de séparation. L'âge de début respectif de ces troubles était inférieur (6 ans pour la phobie sociale et 9 ans pour le TOC) à celui de la bipolarité (12 ans en moyenne). Environ 35 % de ces jeunes ont présenté un virage maniaque sous traitement antidépresseur, d'où une vigilance recommandée chez les jeunes qui souffrent de troubles anxieux multiples.

➤ *Rechercher les troubles de l'humeur au sein du TOC*

La majorité des experts parle de comorbidité dépressive au sein du TOC. Quand le TOC est dépisté en population générale, la dépression majeure est retrouvée chez plus d'un tiers des sujets. Chez les demandeurs de soins souffrant de TOC, le taux de dépression associé va jusqu'à 50 % des cas. Dans une enquête mise en place, en 1994, pour la première fois en France avec la participation de plus de deux cents psychiatres français, environ deux tiers des patients souffrant de TOC ont présenté une dépression majeure au cours des six derniers mois (Hantouche *et al.*, 1995). La dépression représente le motif principal de consultation psychiatrique. Là aussi, c'est une donnée classique : les patients obsessionnels attendent le stade des complications pour consulter. De peur d'évoquer leurs vrais symptômes, ils préfèrent parler de dépression ou d'anxiété.

Quand une anxiété complexe cache une bipolarité authentique

Le cas d'Éloïse illustre comment on peut accéder au diagnostic de la bipolarité à partir d'un tableau clinique particulier, comportant une comorbidité anxieuse complexe.

Éloïse, 17 ans, souffre d'une anxiété sévère et complexe : attaques de panique, phobie sociale et TOC ayant débuté assez précocement. Rétrospectivement, les TOC ont sans doute débuté vers l'âge de 4 ans. Elle avait la manie de tout garder, de récupérer de petits objets, des feuilles de papier pliées en quatre, et de tout enfermer dans plusieurs épaisseurs de sacs en plastique, le tout accumulé dans les placards de sa chambre. Il fallait périodiquement tout vider pour « ranger » et tout rentrait à nouveau dans les placards sans qu'elle ait été capable de jeter la moindre chose antérieurement accumulée. Vers l'âge de 7 à 8 ans, des rituels conjuratoires sont survenus pour ne pas qu'il arrive un malheur. Toujours présentes, les obsessions liées au malheur et l'échec, la peur de faire du mal, de dire des grossièretés aux professeurs (alors que sa phobie sociale la rend muette et immobile en classe), des tendances à se trouver des défauts physiques, en outre elle passe beaucoup de temps à s'épiler… Éloïse se contrôle sans cesse, est souvent enfermée, rumine, est lente, vérifie, conjure et éprouve une envie de se confesser. Elle a été hospitalisée à l'âge de 15 ans en pédopsychiatrie avec mise en place d'une psychothérapie mi-comportementale, mi-analytique associée au Prozac® (20 mg/j). Devant l'aggravation du trouble et son déménagement, le nouveau thérapeute prescrit de fortes doses d'antidépresseurs.

C'est alors que je l'ai vue la première fois, son médecin niait de manière assez ferme le diagnostic de TOC et réfutait ouvertement la bipolarité malgré l'insistance de la mère au sujet de ce diagnostic. Le traitement comportait seulement une forte dose d'antidépresseurs.

Brillante élève jusqu'en seconde avec 17 de moyenne, elle est actuellement en terminale S et ses résultats ont nettement chuté. Cela l'angoisse terriblement et elle n'est pas aidée ni comprise par ses enseignants qui exercent sur elle une pression psychologique permanente. Depuis le début de l'année scolaire, elle a présenté trois épisodes dépressifs avec des idées suicidaires qui ont nécessité des arrêts scolaires. Le père est également atteint de TOC avec phobie sociale.

Le suivi d'Éloïse confirme sa bipolarité notamment par l'amélioration significative avec des médicaments régulateurs de l'humeur.

Le premier travail moderne ayant exploré la nature des troubles thymiques au sein du TOC a été réalisé par le professeur Giulio Perugi de l'Institut psychiatrique de Pise. Cette recherche a concerné une cohorte de 345 patients avec un TOC. Le taux de comorbidité bipolaire est estimé à 15,7 % des cas dont la majorité est représentée par le trouble BP-II avec des épisodes d'hypomanie caractérisés par la présence d'attaques de panique, d'abus de substances (alcool, sédatifs, anxiolytiques et caféine...) avec une évolution épisodique du TOC. Un travail plus récent, réalisé par la même équipe, chez des patients admis en hospitalisation de jour pour un TOC dépressif a montré un taux plus élevé de bipolarité chiffré à 55,8 % des cas (dont un tiers avec un trouble BP-I et deux tiers avec un trouble BP-II). La différence des résultats s'explique par la sélection, dans la deuxième étude, de cas souffrant de TOC avec une dépression majeure.

Jules Angst vient de révéler des données de l'enquête de Zurich (Angst 2005). Dans cette analyse, le spectre entier des manifestations OC a été pris en compte : symptômes OC, syndrome OC (SOC) et TOC. La comorbidité avec les troubles BP augmente en présence des symptômes OC pour atteindre le taux de 53,3 % chez les sujets souffrant d'un TOC. De même, la comorbidité anxieuse (panique, anxiété généralisée et sociale) est aussi nettement augmentée dans les SOC et TOC. L'intérêt de l'enquête de Zurich est le fait qu'elle soit conduite en population générale et surtout de manière prospective ; actuellement, la période de suivi est de vingt ans !

Comorbidité au sein des TOC et SOC :
données récentes de l'enquête de Zurich

	Absence de symptômes OC (N = 403)	Symptômes OC (N = 77)	Syndrome OC (N = 81)	Trouble OC (N = 30)
Comorbidité Troubles thymiques • Unipolaire • Dépression majeure • Bipolaire (total) • Trouble BP-II	**30,5 %** 15,9 % 24,8 % 11,0 %	31,2 % 18,2 % **38,4 %** **21,9 %**	35,8 % 21,0 % 37,0 % 21,0 %	33,3 % 20,0 % **53,3 %** 30,0 %
Comorbidité anxieuse • Attaques de panique (présentes sur plus d'un an) • Anxiété généralisée • Phobie sociale	16,1 % 13,7 % 10,8 %	24,7 % 16,9 % 18,2 %	27,2 % **27,2 %** 18,5 %	**58,0 %** **46,7 %** **40,0 %**

ns = différences non significatives.

Au total, peu de chose est connu sur la connexion bipolaire au sein du TOC, à part les deux études cliniques de Pise. Et rien n'est connu sur la fréquence de la cyclothymie au sein du TOC. En se référant à la littérature classique, il y a lieu de penser qu'il fallait orienter la recherche plutôt vers une « constitution hyperémotive et cyclothymique » que sur les épisodes majeurs d'exaltation et d'excitation maniaque ou hypomaniaque. C'est ce qu'on a appliqué dans l'enquête « ABC-TOC ». Il s'agit de la plus grande étude jamais réalisée dans ce domaine en recrutant plus de 600 patients souffrant de TOC avec une recherche systématique des indices cliniques de la bipolarité (manie, hypomanie et cyclothymie), c'est ce qu'on appelle le spectre bipolaire.

Réapprendre le TOC avec son « ABC »

En janvier 2000, le conseil d'administration de l'Aftoc, en collaboration avec l'aide de deux experts du TOC, les Dr F. Kochman du CHU de Lille et B. Millet de l'hôpital Sainte-Anne à Paris (actuellement basé au CHU Rennes) et moi-même, met en place une enquête française sur le TOC : « ABC-TOC » destinée aux adhérents de l'association. L'enquête a pour objectif d'évaluer certaines particularités des TOC, comme les âges de début du TOC (« A »), la bipolarité associée au TOC (« B ») et les conditions de prise en charge (« C »). Les réponses ont été apportées par les observations des médecins et les témoignages récurrents des patients.

Avant de présenter les résultats, je tiens à préciser, ici, combien il est utile et enrichissant de réaliser des enquêtes où les questions posées sont préparées conjointement par les experts, les patients et leur famille. Ce sont des enquêtes dites « de terrain » adaptées aux besoins spécifiques des sujets concernés directement par le trouble, son vécu et ses conséquences. Voici un cas qui montre l'utilité de l'enquête qui a permis d'affiner le diagnostic du TOC en repérant une cyclothymie associée, jusqu'à maintenant totalement invisible aux yeux des cliniciens. C'est en participant à l'enquête « ABC-TOC » que Viviane découvre qu'elle était cyclothymique :

> « J'ai actuellement 40 ans. Vers 11 ans, le TOC a débuté lorsque j'allais travailler à la boulangerie pendant les vacances, le chien de la boulangère faisait tous les jours pipi sur les roues de mon vélo, cela provoqua chez moi un profond malaise. Une forte dépression est arrivée avec des pensées suicidaires, je me souviens que j'étais attirée par l'eau de l'étang qui était à côté de chez moi. Mon chien que j'adorais est devenu ma bête noire, il me fallait l'éviter et le rejeter, ce qui me mettait dans un état de profonde culpabilité. Mes parents se disputaient sans arrêt allant jusqu'à se battre et mon père continuait d'accumuler de multiples objets inutiles qu'il a fallu garder lorsqu'ils ont déménagé. Pas moins de deux conteneurs ont été dévolus à ce déménagement. Loin de mon chien, je m'éloignais aussi de mon père que je trouvais sale à force de récupérer des objets de toute nature et n'importe où. Je piquais des crises lorsqu'un de mes frères prenait ma chaise qui devait rester « propre ». Avec de nombreuses difficultés et de multiples phases dépressives, des crises paroxystiques de TOC et une augmentation toujours plus grande des obsessions compulsions, je réussissais mes études. C'est seulement à 27 ans dans une profonde dépression et une recrudescence de TOC, après un suivi thérapeutique depuis l'âge de 20 ans sans résultat et sans savoir le nom de ma maladie, que j'ai commencé une thérapie comportementale intensive sur 8 mois. J'ai alors

participé à l'étude de l'Aftoc et j'ai compris que j'étais cyclothymique. Cela m'a permis de revivre et de travailler. Aujourd'hui, je suis toujours très émotive, mais je n'ai plus de TOC qui me "bouffe la vie". Il me reste encore quelques manifestations obsessionnelles compulsives et je me sens toujours solide et fragile à la fois. »

La population étudiée a donc été constituée en deux étapes. La première a recruté 453 patients adhérents de l'Aftoc et la deuxième phase a sélectionné un groupe de 175 patients souffrant de TOC et non adhérents à l'Aftoc. La comparabilité des deux populations a été vérifiée. Des questionnaires structurés adaptés selon les critères du DSM-IV ont été inclus pour rechercher les épisodes dépressifs majeurs et hypomaniaques (ou maniaques). L'exploration de la bipolarité a été faite avec la passation des questionnaires de l'hypomanie et de la cyclothymie (chapitre 2) Pour générer le diagnostic d'hypomanie ou de cyclothymie, la note seuil (≥ 10 sur chaque questionnaire) a été appliquée en accord avec les données antérieures de validation de ces outils dans la dépression bipolaire.

Les résultats obtenus dans la première population (453 sujets de l'Aftoc) ont révélé que la fréquence de la bipolarité associée au TOC variait de 11 % (critères DSM-IV) à 30 % (évaluation dimensionnelle de l'hypomanie selon le travail de Angst) et 50 % (évaluation dimensionnelle de la cyclothymie). De plus, la fréquence des sujets qui étaient déjà connus et traités par un médecin comme bipolaires était de 20 %, soit deux fois plus que le taux obtenu en se référant au DSM-IV ; c'est-à-dire que même sans enquête sophistiquée, les cliniciens dépistent empiriquement deux fois plus de bipolarité que les enquêteurs qui procèdent à des entretiens dits standardisés ou structurés basés sur le DSM-IV. La comparaison des deux populations de sujets adhérents et non adhérents a montré des résultats équivalents.

➤ *La cyclothymie aggrave le TOC*

Les scores obtenus sur la cyclothymie ont permis de constituer deux groupes : le groupe sans cyclothymie (« TOC-NC », score < 10) et le groupe avec cyclothymie (score ≥ 10) sera désigné par « TOC-CYC » qui représente 53 % de la population incluse dans l'enquête. Comme ça se prononce « TOC-CYC », cette forme clinique est « *toxique* », car elle désigne une variante du TOC plus sévère, de diagnostic plus difficile et comportant plus de complications et de risques.

Dans le groupe TOC-CYC, on a observé :

- un taux de divorce deux fois plus fréquent : 15 % contre 7 % dans le groupe NC ;
- un taux d'hospitalisations psychiatriques plus élevé (46 % contre 35 % dans le groupe NC) avec un âge plus jeune lors de la première hospitalisation (26 ans contre 30) ;
- une fréquence plus élevée de symptômes inquiétants avant l'âge de 15 ans, comme des conduites antisociales, des troubles de l'attention, des troubles du sommeil, des traits de caractère difficile, une sexualité précoce, un abus de drogue ou alcool ;
- un mode d'exacerbation épisodique plus fréquent si l'on considère l'évolution globale du TOC.

Ces phénomènes sont souvent décrits dans l'histoire des patients bipolaires.

Elle augmente ses manifestations

Globalement, la cyclothymie augmente la fréquence individuelle de la majorité des symptômes du TOC. De manière significative, les obsessions de doute, agressives, impulsives, sexuelles, religieuses sont plus fréquentes dans le groupe TOC-CYC. De plus, le groupe TOC-CYC manifeste de manière statistiquement significative plus de répétitions compulsives, des conduites de collection et d'amassage, et des compulsions comme « poser des questions », « besoin de se confesser » ou « rechercher en permanence la réassurance ». À cause de ces rituels, nous pensons que la demande de soins sera plus importante dans le TOC-CYC, ce qui devrait inciter les cliniciens à être plus attentifs à cette forme de TOC. Pour les cliniciens non avertis, ces patients passeraient naturellement pour des « casse-pieds », des « hystériques », car ils ont trop de plaintes et de symptômes.

Mlle L., 28 ans, demande une consultation urgente, car elle a des idées obsessionnelles à thématique sexuelle, elle croit qu'elle est capable d'avoir des relations sexuelles avec son père. Ainsi chaque remarque de son père au sujet de son corps est interprétée dans le sens d'un désir incestueux. Elle se demande si elle a fait quelque chose pour provoquer son père. Elle est désespérée parce que son trouble évolue depuis l'âge de 15 ans et la thérapie qu'elle a entreprise depuis cinq ans ne lui a donné aucun bénéfice ni soulagement. Pire, elle pense que son doute obsessionnel s'est transformé en une sorte de méfiance paranoïaque vis-à-vis du père : « Ma thérapeute m'a appris à refuser tout contact avec mon père ; il n'a plus le droit de m'embrasser ni de faire des remarques. Pour avoir la paix, j'ai fini petit à petit par l'éviter autant que possible. »

Ce cas où dominent des pensées obsédantes à thématique sexuelle est typique du TOC cyclothymique.

Elle amplifie la dépression associée au TOC

Les patients ayant coché les critères complets pour l'épisode dépressif majeur appartenaient à 89 % au groupe TOC-CYC contre 64 % au groupe non-CYC. Respectivement, la dépression était récurrente dans 87 et 71 % des cas. Le nombre moyen de symptômes dépressifs par épisode, ainsi que la fréquence individuelle des items dépressifs sont significativement plus importants dans le groupe TOC-CYC. La recherche des épisodes hypomaniaques et maniaques selon le questionnaire basé sur les critères du DSM-IV a révélé des résultats positifs chez 18,8 % des sujets du groupe TOC-CYC contre 7,4 % du groupe NC. L'évaluation de l'hypomanie à l'aide de la check-list (score ≥ 10) a révélé respectivement un taux positif de 49 % contre 17 %. La moyenne des scores d'hypomanie est presque le double dans le groupe TOC-CYC (8,9 contre 4,2).

En résumé, on a l'impression que la cyclothymie agirait comme un « amplificateur » des troubles de l'humeur (épisodes de dépression et hypomanie) ainsi que du TOC. Sa présence augmente significativement la récurrence et l'intensité des épisodes thymiques ainsi que la fréquence des symptômes OC, le tableau clinique est plus riche, intense et récurrent, ce qui laisse présumer plus de risques, notamment le risque suicidaire.

Dans cette enquête, on a isolé un sous-groupe de 36 cas de TOC juvéniles âgés de moins de 15 ans. Le taux de cyclothymie était de 43 % dans ce groupe. Il est de fait troublant de constater que plus du tiers de ces jeunes ont clairement pensé au suicide et que 9,7 % d'entre eux ont attenté plusieurs fois à leurs jours.

Les crises de colère
et les tentatives de suicide

42 % des patients avec un TOC ont présenté des crises de colère. L'expression de la colère est légèrement prédominante chez les femmes et les sujets de jeune âge. Plus le sujet est jeune (< 30 ans), plus importante est la fréquence des crises de colère. La présence de crises de colère est significativement liée au niveau de cyclothymie.

Le taux des tentatives de suicide dans le TOC augmente de manière significative en fonction de la présence des crises de colère et surtout de la cyclothymie. 70 % des sujets avec une histoire de tentative suicidaire sont cyclothymiques. Ce chiffre passe à 87 % chez les cas de TOC suicidaires avec crises de colère. Chez les sujets cyclothymiques, le taux de tentatives de suicide est de 23 % *versus* 12 % chez les non-cyclothymiques. Pour la première fois, on montre que le risque suicidaire est doublé par la présence du tempérament cyclothymique !

La phobie de contamination
et les crises de violence d'Anaïs

Nerveuse dès la naissance, Anaïs est une enfant qui pleure souvent, très exigeante, dormant peu et absorbant beaucoup du temps de sa mère. Le TOC débute brutalement en janvier 1999, alors qu'elle a 9 ans avec des crises de violence tant qu'elle n'a pas lavé longuement ses mains, Elle ne peut pas partir pour l'école, apprendre ses leçons, aller sous la douche. Lors de ses lavages, il faut éteindre la radio et la laisser seule. Elle fait alors 3 à 4 pas en arrière, 3 à 4 pas en avant 3 à 4 fois en marmonnant des choses. Ce rituel accompli, elle commence à laver ses mains pendant un temps interminable. Cette phobie de la contamination l'oblige, par exemple, à prendre des précautions excessives quand elle doit retirer ses serviettes hygiéniques. Une fois elle a dû garder une serviette hygiénique sale pendant plusieurs jours. Autre exemple : elle ne peut pas tenir sa brosse à dents. C'est la mère qui tient la brosse et Anaïs tient la main de sa mère. Si la mère refuse de participer à ce rituel, elle peut rester plusieurs jours de suite sans se brosser les dents. D'autres rituels sont infligés à la mère : lui curer les dents, lui moucher le nez, la faire manger... Anaïs ne peut pas utiliser ses mains pour manger. Elle mange comme un « animal » dans son assiette qu'elle rapproche avec ses dents si la mère n'est pas présente pour lui mettre la nourriture dans la bouche. Anaïs en général ne supporte aucune déception ni la moindre contrariété. La plus petite contrainte prend des proportions importantes. Elle est exigeante, elle veut TOUT, tout de suite.

Un traitement avec du Prozac® démarre vers le début de juin dans le but de réduire les compulsions de lavage. Dans les semaines suivantes, des crises violentes surviennent ; elle déchire les journaux en tout petits morceaux, brise tout dans la maison, s'acharne à donner des coups de pied dans les portes, renverse les meubles, fait voltiger tout ce qui lui tombe sous la main et les envoie sur moi ou sur sa sœur, elle enferme sa mère dans sa chambre, la mord... Ces crises peuvent survenir sans aucune raison apparente et les doses de Prozac® sont augmentées. À la fin du mois de juillet le Prozac® est arrêté et Anaïs est hospitalisée.

Une analyse sommaire de ce cas nous montre la prédominance des crises de nervosité et de violence (apparues avant le traitement ISRS mais aggravées ultérieurement par sa prise) avec une attitude tyrannique liée aux obligations compulsives... L'excès de colère est classiquement observé dans le TOC. Souvent la colère survient par épuisement ou exaspération à cause des symptômes du TOC. Dans d'autres circonstances, la colère peut résulter du fossé existant entre le patient et son entourage familial, qui tombe systématiquement dans le piège de l'incompréhension. Le TOC se manifeste aux yeux de l'entourage comme un chantage émotionnel, une simulation ou tout simplement des comportements déraisonnables. Ainsi, l'entourage adoptera une attitude hostile face au TOC, une attitude qui va générer à son tour des crises de colère chez le patient. C'est la colère défensive ou réactive. Cependant, devant un cas comme celui d'Anaïs, il est obligatoire de vérifier la présence d'une bipolarité atténuée. Nous verrons dans le chapitre 5, la suite de l'histoire d'Anaïs.

Les mots du TOC bipolaire

Une liste de 134 mots a été insérée dans le dossier de l'enquête ABC-TOC. Devant chaque mot, le sujet donne une note de 0 à 3 selon les rapports du mot avec le TOC. 601 patients ont rempli la liste des « Mots du TOC ». L'analyse statistique factorielle a montré que les mots étaient répartis en 10 facteurs principaux. Par la suite, on a opéré une comparaison des scores factoriels entre les groupes « TOC cyclothymique » et « TOC non cyclothymique ». Globalement, dans le groupe « TOC cyclothymique », les scores sont plus élevés sur l'ensemble des facteurs. Cependant la différence la plus significative a été observée sur le

facteur 6 qui inclut les mots suivants : « suicide, violence, colère, agressivité, crises, folie, querelles, délire et automutilation ». On a pratiquement dans ce facteur, les éléments les plus caractéristiques du « TOC bipolaire » :
- la notion de « crise » ;
- la thématique dominante de violence et d'agressivité des obsessions ;
- les crises de colère ;
- les passages à l'acte suicidaire et les automutilations ;
- les éléments psychotiques et délirants, même le mot « *Folie* » figure dans ce facteur caractéristique du TOC cyclothymique. Il ne manquait que le mot « *Double* » dans cette liste !

Adel est un jeune homme âgé de 18 ans. Il a été traité dès l'âge de 16 ans pour une anxiété complexe (des ruminations obsessionnelles, une phobie sociale sévère, des attaques de panique...). Le traitement initial comportait du Prozac® avec des doses rapidement augmentées jusqu'à 100 mg/j (la dose maximale est de 60 mg dans le *Vidal*) et combinées, vu la résistance au Prozac® et à l'Anafranil® à la dose de 150 mg/j (ne pas négliger le fait que le Prozac® augmente le taux plasmatique de l'Anafranil® et par là même son effet !). Adel ne répondait pas à cette combinaison et son état empirait avec des crises d'agitation et de colère, pour lesquelles des neuroleptiques et une forte dose de lithium ont été ajoutés au traitement antidépresseur. À aucun moment, on n'a pensé redéfinir le diagnostic du trouble anxieux résistant et d'autres antidépresseurs seront, par la suite, introduits. Deux ans passent avec la galère et la chronicisation de l'état anxieux avec des épisodes dépressifs majeurs de « mélancolie agitée anxieuse sévère ». Lors du premier entretien avec Adel et sa famille, le diagnostic paraît évident : dépression mixte dans le cadre d'un trouble anxio-bipolaire. La passation du questionnaire de la cyclothymie donne un score de 13. Le recueil de l'histoire familiale révèle des parents et des grands-parents anxieux obsessionnels du côté du père et cyclothymiques affectifs du côté maternel. Le traitement avec deux thymorégulateurs, un sel de lithium avec la lamotrigine (*cf.* chapitre 6 pour les traitements) apporte une rémission clinique avec reprise glorieuse des études universitaires. Jusqu'à la rédaction de ces lignes, cette rémission est maintenue depuis deux ans !

➤ *Quand suspecter un TOC bipolaire ?*

Il existe des éléments qui permettent de suspecter la présence d'un TOC bipolaire. En cas de suspicion et avant la mise en place des traitements du TOC, le patient remplira les questionnaires d'hypomanie et de tempérament cyclothymique dont des scores de 10 ou plus peuvent indiquer le diagnostic de bipolarité.

Questions utiles pour repérer un TOC bipolaire

Questions au sujet de la sémiologie du TOC et son évolution spontanée	
❑	Est-ce que votre diagnostic changeait avec le temps ou en changeant de psychiatre ?
❑	Avez-vous reçu des diagnostics comme « trouble panique », « angoisse psychotique », « psycho-névrose grave », « personnalité pathologique » (hystérique, borderline, narcissique...) ou hyperactif avec déficit de l'attention ?
❑	Avez-vous noté que votre état émotionnel présente des hauts et des bas ?
❑	Avez-vous ressenti de grosses crises de colère ?
❑	Avez-vous vécu des moments dans lesquels vous avez ressenti dans votre humeur ou vos pensées, des choses comme « un tilt », « une révélation », « un éclair », « un jaillissement », ou comme « une fusée qui décolle » ?
❑	Dans votre TOC, les obsessions sont-elles dominantes par rapport aux rituels ?
❑	Vos obsessions prennent-elles la forme de flash-back, de souvenirs pénibles ou des images horribles, voire catastrophiques ?
❑	Y a-t-il eu des moments où vous réalisez vos rituels sans lutter, de manière insouciante, voire parfois joyeuse ?
❑	Avez-vous noté des périodes où votre TOC disparaissait spontanément et évoluait en dents de scie ?
❑	Y a-t-il eu des périodes où vous perdez votre doute obsessionnel ? Si oui, croyez-vous dans ces moments que vos obsessions ne sont pas à ce point absurdes ? Vous est-il arrivé d'être convaincu de la réalité de vos soucis ou de l'importance de vos rituels ?
❑	Avez-vous tenté de calmer votre détresse avec de l'alcool ou d'autres substances ?
❑	Avez-vous remarqué d'autres éléments plus bizarres, comme des hallucinations, des voix intérieures ou venant de l'extérieur ?
❑	Avez-vous tenté de mettre fin à vos jours ? Si oui, était-ce à plusieurs reprises ?
❑	Dans votre famille, y a-t-il des sujets connus comme bipolaires, suicidés, traités avec des sels de lithium ? Ou connus comme flamboyants, excessifs, scandaleux ?

Questions au sujet des traitements
❏ Avez-vous consulté plus de deux psychiatres pour soigner votre TOC ?
❏ Avez-vous résisté à plus de deux traitements prescrits pour soigner votre TOC ?
❏ Avez-vous été, avec ces traitements, amélioré de manière extraordinaire mais malheureusement pas pour longtemps ?
❏ Avez-vous remarqué des virages à 180° de votre humeur ou comportement ? Si oui, est-ce spontanément ou sous l'effet des antidépresseurs ?
❏ Avez-vous remarqué que le(s) médecin(s) ne contrôlai(en)t plus votre état ?
❏ Avez-vous eu l'impression que les médecins ajoutaient à chaque consultation un peu de sédatifs, de somnifères, de neuroleptiques, d'antidépresseurs ou autres, pour colmater les brèches ?
❏ Pensez-vous que ces changements seraient plutôt liés aux oscillations bipolaires de votre humeur ou énergie ?
Est-ce que votre TOC a été nettement amélioré par :
❏ – un traitement neuroleptique ?
❏ – un thymorégulateur (comme le sel de lithium, le Dépamide® ou autre) ?
❏ – une cure de sismothérapie ou des électrochocs ?

En me basant sur les différentes études et enquêtes disponibles, j'ai proposé lors de la journée scientifique organisée par l'Aftoc pour son dixième anniversaire (Paris, 1er juin 2002), la formule « *Avenir-Aftoc* » (voir encadré) pour illustrer les éléments caractéristiques du TOC cyclothymique. Leur repérage permet d'anticiper l'« avenir » des patients, notamment des jeunes, et de mieux les protéger contre les ravages multiples de cette maladie. Dans cette formule, chaque lettre représente un facteur sémiologique, évolutif ou thérapeutique. La présence d'un de ces éléments (souvent, on retrouve plusieurs facteurs) doit faire suspecter une bipolarité qui sera confirmée par une évaluation plus affinée grâce à des questionnaires adaptés pour l'hypomanie et la cyclothymie. Un interrogatoire plus poussé et ciblé sur les antécédents du sujet et de sa famille va compléter le bilan clinique.

Indices d'une bipolarité associée à un TOC :
« *Avenir Aftoc* »

• A comme	**A**ggravation du TOC sous traitement antidépresseur (AD)	
• V comme	**V**irage thymique sous traitement AD	
• E comme	**É**pisodique (évolution du TOC par épisodes avec intervalles libres)	
• N comme	**N**on-réponse au traitement (échec de deux ou plusieurs traitements AD)	
• I comme	**I**mpulsivité (crises de colère, hostilité)	
• R comme	**R**écurrence dépressive	
• A comme	**A**lcool ou Abus de substances	
• F comme	**F**amille (histoire familiale de BP ou suicide)	
• T comme	**T**entatives de suicide	
• O comme	**O**bsessions dominantes (sexuelles, agressives)	
• C comme	**C**yclothymie (labilité émotionnelle persistante)	

Selon Hantouche, conférence du 1er juin 2002, Journée scientifique de l'Aftoc

➤ *Proposition d'une typologie du TOC*

À la lueur de ces données, un démembrement du TOC en deux entités a été proposé :

TOC cyclothymique (TOC-CYC – Type 1)

Il s'agit d'une forme de TOC caractérisée par des indices d'impulsivité (conduites antisociales dans l'enfance, crises de colère, comportements suicidaires...) et d'instabilité émotionnelle (traits cyclothymiques) qui témoignent de l'existence d'une bipolarité atténuée. D'autres indices sont également évocateurs comme la présence des attaques de panique, d'un abus de substances psycho-actives, d'une évolution périodique, d'une histoire familiale de bipolarité et/ou d'une aggravation paradoxale sous traitement antidépresseur. Ce sous-type de TOC serait plus « bruyant » avec plus de complications dépressives, des appels à l'aide et des demandes de réassurance plus intenses (parfois jusqu'à la « tyrannie »), des périodes atypiques où l'impulsivité cède la place à la lenteur ou les symptômes typiques OC s'associent à des états délirants ou à des formes hallucinatoires. Pour toutes ces raisons, nous pensons que les cliniciens doivent être vigilants quant à la cyclothymie associée au TOC, car ces patients consultent plus fréquemment que les autres formes du TOC.

Le TOC stable silencieux (TOCSS – Type 2)

Une forme de TOC qui comporte un niveau plus faible d'impulsivité et d'instabilité émotionnelle et des niveaux plus élevés d'anxiété chronique (type généralisé), d'une évolution plutôt continue. Ce sous-type de TOC est marqué par des compulsions typiques (lavage, vérifications...) plus fréquentes que le précédent. Il serait par conséquent plus secret, inhibé, avec peu ou pas de demandes de réassurance (par conséquent moins bruyant), se définissant sur des éléments moins territoriaux et représentant la majorité silencieuse (ou invisible) des TOC. La comorbidité avec la dépression est présente (mais moins récurrente et suicidaire) et l'abus de substances (comme l'alcool) presque absent.

Les enjeux du TOC bipolaire

L'enjeu principal est de repérer la bipolarité derrière la maladie spécifique qu'est le TOC, avant les stades avancés des complications spontanées ou induites par les traitements. Dans cet ouvrage, j'ai pris le TOC comme référence car il illustre un des masques trompeurs de la bipolarité. Mais les enjeux discutés s'appliquent à l'ensemble des affections traitées actuellement par les antidépresseurs. Les enjeux peuvent se résumer comme tels :

- réduire les erreurs du jugement diagnostique ;
- éviter la confusion avec les psychoses ;
- estimer les risques d'auto/hétéro-agression ;
- anticiper la résistance ou l'aggravation sous traitements conventionnels, et aider à un meilleur usage des antidépresseurs, notamment chez les jeunes patients.

➤ *La suite du fabuleux destin de Claire*

Pour rappel, Claire a débuté son TOC à l'âge de 2 ans. Après un long parcours pour identifier le TOC et le soigner (c'était déjà une grande victoire de pouvoir mettre un nom sur la souffrance obsessionnelle et par la suite de la traiter), cette enfant s'est trouvée plus tard, après un début de guérison, piégée par les effets pernicieux du traitement anti-TOC. Quand j'ai vu Claire pour la première fois, elle était déjà sous un ISRS. Pour moi, le diagnostic était clair dès le début de l'entretien. Prenant un air hautain, Claire entame la discussion : « C'est vous le grand expert des TOC en France, alors, je vous écoute. » Ma réponse fut : « Je ne vais pas vous embêter avec des questions que vous avez subies mille fois, j'ai déjà fait mon diagnostic. Mais pour me rassurer, je vais vous demander de remplir un questionnaire établi pour évaluer la cyclothymie. » Et elle réagit : « C'est quoi la cyclothymie ? », je lui dis : « On verra après. » À l'issue de l'entretien qui était favorable au diagnostic de cyclothymie (Claire a coché en positif plus de 15 items sur le total de 21), j'ai proposé d'ajouter à l'ISRS en cours (le Zoloft®), un thymorégulateur (acide valproïque). L'évolution a été progressive et assez favorable après une période de six mois environ.

> La mère raconte ainsi notre premier rendez-vous : « Le médecin expert des TOC ne recevait pas les enfants, j'ai dû faire croire à son assistante que c'était moi la patiente. J'ai rétabli la vérité au premier rendez-vous et le psychiatre a compris mon désarroi ; il a accepté de nous aider. Pour lui, la solution tenait dans un ajustement du traitement tenant compte d'un trouble fréquemment associé aux TOC, la cyclothymie, dont, en effet, ma fille était atteinte. Il lui a donc prescrit une combinaison d'un régulateur de l'humeur et d'un antidépresseur qui agissait sur l'angoisse et sur les obsessions-compulsions. Cependant, il était interdit aux enfants de moins de 15 ans. L'ordonnance fut donc rédigée à mon nom. Le traitement a permis en quelques semaines de changer la vie de Claire en diminuant la fréquence et l'intensité de ses troubles. Du coup, elle a même accepté une thérapie comportementale. Mais, une fois encore, ce ne fut qu'une rémission de quelques mois. Tous les rituels ont soudainement repris. À force d'être lavées, ses mains étaient couvertes de lésions. Il nous était impossible de l'approcher, nous étions « sales ». La laisser s'aventurer seule dehors devenait impensable. Son état (elle avait alors 11 ans) nécessitait une attention constante. Très nerveuse, elle souffrait au moindre bruit de pas ou de porte qui claque. Nous avions envisagé, maintes fois sans nous y résoudre, de l'envoyer dans une maison médicalisée pour

enfants. Là, à bout de ressources, j'ai accepté qu'elle soit soignée dans un centre à la montagne qui assure également l'enseignement scolaire. La séparation fut cruelle. Entourée d'enfants souffrant de problèmes différents, Claire n'a pas facilement lâché ses rituels. Mais, au bout d'une année, l'action conjuguée d'un environnement sain et reposant et du traitement qui agissait progressivement (le médecin insistait sur le délai d'au moins six mois) l'a sevrée de ses rituels. Je la retrouvais tous les mois, chaque fois plus mûre et plus calme. Nous parlions beaucoup des moyens, autres que les TOC, de lutter contre ses phobies. Pour la première fois, elle appliquait toute seule ce qu'elle avait retenu de sa thérapie comportementale. Pas un instant, elle n'a capitulé. Sur le plateau, elle était rayonnante. Aujourd'hui, c'est une bonne élève appréciée de ses profs. Elle passe les week-ends à la maison et, chaque fois, nous parlons de ses doutes, de la difficulté qu'elle a parfois à réguler ses peurs. Elle m'a confié l'enfer de son enfance, à quel point me voir souffrir l'avait également torturée. »

Claire se souvient :

« Quand mes troubles ont fortement diminué, on s'est rendu compte que j'étais cyclothymique ; c'est-à-dire que mon humeur alternait de la joie à la tristesse, en quelques secondes. On m'a donné un thymorégulateur que je prends toujours. Au fur et à mesure que mes TOC s'atténuaient, j'avais besoin d'aller vers les autres. Peu à peu, j'ai réussi à me faire des copines et depuis peu, quelques copains. »

L'histoire n'est pas encore finie.

▶ *Quand le TOC se présente comme une psychose*

Quand la bipolarité est associée au TOC, des symptômes d'allure psychotique, avec une attitude paranoïaque, des idées délirantes avec une conviction dépassant le cadre classique du doute peuvent se manifester. Cela va conduire les patients à des hospitalisations psychiatriques répétées et à la prise de traitements psychotropes assez lourds.

Stéphane a commencé vers l'âge de 17 ans à se laver plusieurs fois par jour, et de plus en plus. Un an plus tard, des rituels de rangement sont apparus, mais c'est sa mère qui devait les exécuter à sa place (rangement complet avec un alignement parfait des tapis, coussins, chaises au millimètre près). Les séances de « rangement » pouvaient durer trois heures. À cette époque, Stéphane avait été suivi par de nombreux psychiatres. Ultérieurement, Stéphane exigeait de faire lui-même ses courses. La mère devait alors déposer le billet sur la table (pas de pièces de monnaie) puis s'enfermer jusqu'à son retour où il la libérait, après avoir déposé ses achats dans sa chambre.

D'autres rituels sont survenus : des appels téléphoniques jusqu'à trois heures du matin ou plus, toutes les deux minutes, pour que sa mère avec un ton parfait jure qu'elle raccroche bien. Elle doit répondre à la deuxième sonnerie, d'une voix claire, si ces conditions ne sont pas remplies, il peut appeler jusqu'à 6 heures du matin. Si la mère laisse le téléphone décroché, ne supportant plus ses appels, il prévient la police. Les psychiatres parlaient de « psychose » parallèle aux TOC sans autre explication concernant l'évolution. Il lui a été administré de fortes doses de neuroleptiques. Depuis, plusieurs hospitalisations et des tentatives de suicide ont eu lieu avec toujours un traitement lourd à base de neuroleptiques à fortes posologies. Actuellement Stéphane va mieux tant qu'il est loin de la France, donc loin du domicile familial. Il s'est marié et travaille dans la composition musicale.

Hari est aussi un cas complexe victime de nombreux TOC, sujet à des automutilations, des crises de colère violente... Traité au départ pour ses TOC, Hari a développé un état d'agitation psychotique délirant qui a nécessité à plusieurs reprises une hospitalisation d'urgence en psychiatrie. Actuellement le TOC de Hari a nettement régressé ainsi que les manifestations morbides depuis qu'il est soigné pour sa bipolarité. Il cherche désespérément un lieu scolaire pour continuer ses études car, vu ses troubles antérieurs, il lui est impossible de suivre des études scolaires en milieu normal et, en raison de son amélioration, sa demande d'admission dans deux lieux psycho-pédagogiques a été refusée.

Coralie, de tempérament sensible et anxieux, sera traitée par Anafranil® pour des manifestations obsessionnelles. Elle sera rapidement hospitalisée en placement d'office pour un état d'agressivité délirante, durant lequel elle a agressé des agents de police. Cet épisode sera traité avec des électrochocs à l'âge de 19 ans. Elle sera plus tard hospitalisée à trois reprises. Actuellement, soit dix ans plus tard, elle est en rémission complète avec un thymorégulateur et projette obtenir son diplôme des beaux-arts.

La comorbidité TOC et bipolarité chez Stéphane, Coralie et Hari a été diagnostiquée comme un trouble psychotique. La présence d'éléments délirants ne suffit pas pour rejeter le diagnostic initial de TOC. Quelle que soit la bizarrerie du contenu des obsessions, le diagnostic du TOC reste valide. Le caractère épisodique des moments de délire, souvent aggravé ou déclenché par le traitement antidépresseur, doit orienter vers la piste bipolaire. Dans son mémoire dédié aux *Obsessions dans la folie maniaco-dépressive*, Maribas insiste sur le cachet particulier que la bipolarité imprime sur le TOC. Elle transforme les obsessions en exagérant l'impulsivité, augmentant le risque de passage à l'acte et induisant des périodes de délire (cas historiques de possession diabolique). Les cas de mélancolie avec obsessions peuvent même résister aux électrochocs !

➤ *Quand le TOC tue*

Une cyclothymie coexistante avec le TOC peut conduire au suicide ou à des conduites hétéro-agressives. Voici deux cas exemplaires :

Mathieu, 29 ans, ingénieur en informatique, a mis fin à ses jours en mars 2002 après de longues années de lutte épuisante contre un TOC. J'ai eu connaissance de son histoire en discutant avec son psychiatre traitant, le diagnostic empirique et « personnel » de celui-ci est « TOC réfractaire ». Selon mes conseils, le patient passera un premier séjour, en mars 2001, dans une clinique spécialisée dans le traitement intensif des TOC. Ce séjour fut efficace avec une récupération de plus de 80 % de l'autonomie. Malheureusement, le traitement s'est focalisé sur le TOC en négligeant la bipolarité, donc il n'y a pas eu de traitement thymorégulateur prescrit. Suite à un licenciement professionnel en septembre 2001, en même temps que 600 autres personnes, c'est la descente aux enfers avec une récidive d'un TOC dépressif assez intense. Le deuxième séjour à la même clinique ne donnera aucun résultat, si ce n'est une aggravation très nette de sa mélancolie. Entre septembre 2001 et mars 2002 on note trois tentatives de suicide et la quatrième sera fatale suite à une autopropulsion sous un train. Mathieu présentait un TOC bipolaire non dépisté, mal traité et en plus il était stressé par un environnement défavorable.

Un autre cas indique pourquoi il faut s'inquiéter sérieusement au sujet de la connexion TOC et bipolarité.

Philippe est atteint de TOC depuis l'âge de 18 ans. Il a été jugé coupable du meurtre d'un adolescent et condamné à une peine de vingt ans de réclusion criminelle sans aucune circonstance atténuante. Sa sœur nous apprend qu'il était marié, puis divorcé à cause d'un TOC, que l'épouse ne supportait pas. Il était gardien de nuit dans une cité difficile. Après sa séparation, il a décidé d'aller consulter un médecin pour suivre un traitement afin de soulager son TOC. On lui a prescrit 2 gélules de Prozac® et 3 comprimés de Lysanxia®. Suite au traitement, ses humeurs ont nettement changé avec euphorie, réponses « à côté », excès de vitesse (il disait qu'il avait des yeux de chat et voyait très bien la nuit), sommeil perturbé… Alerté, le médecin généraliste proscrit immédiatement le traitement donné et l'envoie chez une collègue psychiatre qui lui redonne le même traitement, arrêté par le médecin généraliste, en augmentant les doses. Ce qui suit est tragique, lors d'une agression verbale, comme il avait l'habitude d'en avoir avec les bandes de la cité, il a sorti son fusil et tiré sur un des jeunes qu'il tua. Lors du jugement, il a bien expliqué comment les médicaments l'ont changé, qu'il était de plus épuisé par ses TOC. Étonnant que les experts, qui l'ont examiné, n'aient rien relevé à part quelques tendances obsessionnelles. Ni le TOC ni l'aggravation sous l'effet du Prozac® (et le sens que ça comporte) n'ont été identifiés. Aujourd'hui, il a déjà passé trois ans en prison. Il souffre de TOC en cellule et dit que la prison n'est rien à côté de la souffrance provoquée par ses TOC.

En finalité, qui est le véritable coupable ?

En écrivant ces lignes, je me suis renseigné sur l'évolution actuelle de Philippe ; il va très mal et les TOC sont revenus intensément. Il avait écrit à la vice-présidente de l'Aftoc que son souhait était de rester dans son monde virtuel. Il s'entend bien avec les autres détenus ainsi qu'avec les gardiens. Mais, il se sent mal car sa cellule est très sale, les affaires traînent par terre et c'est un endroit minuscule pour laver son linge et le faire sécher. Il lui a été conseillé de prendre un avocat pour qu'il puisse voir un psychiatre de son choix et recevoir enfin un traitement adapté à son état. Mais il n'a rien fait pour l'instant. Une autre information : on ne sait pas pourquoi la juge d'application des peines l'appelle « le Justicier » à chaque fois qu'elle le voit.

La souffrance du TOC est unique. On ne peut la comparer à d'autres détresses psychiques. Comme l'écrivait Legrand du Saule : « La folie du doute est certes la plus étrange de toutes les vésanies. Elle a pour caractère principal une crainte chimérique, et cette crainte imaginaire, qui va toujours grandissant, pousse le malade aux actes les plus bizarres. Le besoin d'être rassuré le porte à interroger sans cesse les personnes qui l'entourent. En dépit des affirmations les plus formelles, le doute renaît à chaque instant dans son esprit troublé, et, pendant les fortes crises, questionneur implacable et douteur invincible, il rabâchera des heures entières les mêmes demandes que des réponses rabâchées ou variées ne satisferont jamais. Mais ce qu'il y a de plus extraordinaire dans cette vésanie, c'est que cet excentrique a parfaitement conscience de son état, c'est qu'il sent et avoue le ridicule de ses appréhensions, c'est enfin qu'il est le premier à réclamer les secours de la médecine pour être délivré des tortures morales dont il est la proie. » Là on peut comprendre pourquoi cette personne trouve que la prison n'est rien par rapport à la souffrance du TOC. Dans ce cas, il ne s'agit pas d'un simple virage de l'humeur, mais de quelqu'un qui est passé à l'acte d'homicide sous l'effet d'une impulsivité incontrôlable.

➤ Les antidépresseurs chez les jeunes, entre succès et procès

Valentine, âgée de 7 ans et demi, a été vue en pédopsychiatrie pour apparition de TOC sévère induisant une déscolarisation, car elle refuse de s'habiller. Il est impossible de la faire sortir de la salle de bains. Elle est constamment obsédée par des soucis de contamination et des idées de malheur. Des rituels de comptage ont été visibles déjà à l'âge de 2 ans et demi. Devant l'intensité de l'anxiété et des conduites d'évitement, un traitement antidépresseur est prescrit à une faible dose. Une semaine plus tard, Valentine est métamorphosée. Elle est plus joyeuse et agréable, mais, en même temps, sa mère la trouve agitée, énervée, presque trop joyeuse, et toujours réticente pour aller à l'école et bloquée par ses rituels.

Richard, jeune garçon de 11 ans, vient consulter pour un TOC résistant avec des complications survenues au cours des traitements par les antidépresseurs. Richard a toujours été un enfant « demandeur ». Il était impossible pour la mère de se séparer de lui en raison d'une anxiété de séparation assez forte. Dès qu'il fut en âge de marcher, Richard ne supportait pas de toucher de l'herbe, de se salir. Sa rentrée à l'école maternelle fut un déchirement. Il a vécu sa scolarité comme un calvaire permanent. Son TOC devient assez visible et invalidant à l'âge de 8 ans. Il présente des obsessions sévères des microbes et vit l'enfer au collège qu'il trouvait très sale. À la maison, Richard passait des heures à se laver. Des antidépresseurs, Anafranil® puis Zoloft®, ont été prescrits pour calmer les TOC. Au cours de ces traitements, Richard a manifesté des crises de colère et d'impulsivité où il ne se maîtrisait plus au point de tenter à deux reprises une défenestration et une automutilation devant son psychiatre. Richard sera hospitalisé, mais, dès son retour à la maison, le TOC est de nouveau omniprésent. Les rituels de lavage sont de plus en plus longs – Richard est capable de vider un flacon entier de gel ou de shampooing à chaque lavage.

Valentine a fait un virage maniaque sous antidépresseur et l'état de Richard s'est dégradé par ce traitement au risque de devenir violent et autodestructeur. Les troubles de Richard et Valentine ont été nettement réduits avec l'instauration des thymorégulateurs et l'arrêt des antidépresseurs. Valentine a repris cette année son activité scolaire – sa mère vient de me signaler que le séjour de Valentine en colonie se passe à merveille. Richard était mieux un mois après le début du thymorégulateur et la baisse des antidépresseurs (il prenait 200 mg de Zoloft®, soit la dose maximale). Dix mois après, la mère m'envoie un courrier notifiant que Richard se sent vraiment mieux : « Il nous surprend agréablement en prenant de bonnes résolutions. Il s'est remis à la lecture, travaille mieux en classe et participe de son propre chef aux tâches de la maison. Ses rituels de lavage ont presque disparu. »

Des antidépresseurs célèbres, comme la fluoxétine (Prozac®), ont suscité la gourmandise de certains experts et de quelques familles de patients pour intenter des procès contre des firmes pharmaceutiques commercialisant ces médicaments. Malgré les acquittements successifs, certains restent obstinés dans leur croisade contre les laboratoires. Parmi eux, David Healy est présenté dans un article paru dans *Le Point* (12 avril 2002) comme « La bête noire des labos ».

Selon les recherches de cet expert, des comportements violents ou suicidaires sont observés chez certains patients soumis aux médicaments antidépresseurs. Rares sont les médecins qui osent le soutenir : « En raison du pouvoir de l'industrie pharmaceutique, très peu de publications se sont intéressées à mes recherches », confie D. Healy. L'article enchaîne sur l'appel d'un avocat américain qui demande l'aide de Healy dans l'affaire du Wyoming qui met en cause la paroxétine (Deroxat®, un produit du géant GSK, GlaxoSmithKline). C'était en 1998, où un triple meurtre suivi d'un suicide serait imputé au produit vedette de GSK. Dans le même article, on mentionne un autre procès concernant un jeune enfant de 11 ans qui s'est suicidé une semaine après le début d'un traitement avec du Zoloft®. Mais beaucoup d'autres histoires similaires n'auront pas cette publicité. Pour l'Aftoc et moi-même, l'enjeu n'est pas de faire procès à qui que ce soit, mais tout simplement de comprendre comment et pourquoi les patients (et pire les enfants) s'aggravent quand ils reçoivent un médicament censé les soulager. De telles prescriptions sont à la portée de tous les spécialistes et généralistes.

En France, on a accordé en 2001 pour la première fois une autorisation de mise sur le marché (AMM) pour traiter le TOC chez les enfants à partir de l'âge de 6 ans. C'est une première ! Les enfants et leurs parents réclamaient depuis des années un remède officiel pour le TOC juvénile. Malgré cette AMM, donner un psychotrope à un enfant reste un tabou en France, un interdit, ou bêtement une ignorance des troubles mentaux précoces ainsi que de la psychopharmacologie juvénile. Le cas du jeune patient américain qui s'est suicidé après une semaine de traitement avec la sertraline (Zoloft®) fait actuellement l'objet d'un procès. Encore un autre procès qui finira comme les autres sur le constat : « Il n'y a pas de preuves scientifiques confirmant l'imputabilité de ces produits dans la genèse des conduites violentes et/ou suicidaires. » Mais le vrai débat est de savoir s'il existe une vulnérabilité à la survenue de ces phénomènes sous l'effet des antidépresseurs. On se fout de savoir qui va gagner le procès comme du montant des honoraires de Healy !

L'important est de pouvoir repérer cette vulnérabilité et recommander aux prescripteurs de l'évaluer systématiquement avant l'instauration des antidépresseurs. Nous pensons qu'une telle démarche est de loin plus utile pour les patients que les procès « spectaculaires » où des millions de dollars sont en jeu ainsi que la récupération dans les articles de presse et les émissions de télé de ces fameux procès. Pire serait la décision d'interdire l'usage des antidépresseurs chez les jeunes. Aux États-Unis, tous les antidépresseurs comportent actuellement la mention en cadre noir, comme pour les cigarettes, notifiant la vigilance si usage chez les jeunes !

Le temps perdu pour le TOC bipolaire

La « connexion TOC et bipolarité » appartient à notre patrimoine psychiatrique français et n'est pas le résultat artificiel d'une nosologie moderne (DSM-IV) ni une application abusive du concept de comorbidité psychiatrique. Les données cliniques et épidémiologiques les plus récentes ne font que confirmer les idées de certains pionniers français. En effet, aucune enquête épidémiologique ne peut jamais prétendre remplacer l'art de l'observation clinique. Quelques exemples témoignent du talent d'observation de certains psychiatres français. Gaston Deny et son élève Pierre

Kahn, tous les deux psychiatres de la Salpêtrière, ont réalisé, au début du XXe siècle, un travail remarquable sur la cyclothymie. Voilà un extrait du travail de Kahn sur la cyclothymie associée à une pathologie obsessionnelle.

P. Kahn dans sa thèse sur la « cyclothymie » en 1909 faisait cette observation

Elle est âgée de 34 ans. C'est une femme d'aspect doux, au regard animé. Son attitude est naturelle, nullement inquiète ; elle inspire la sympathie, sa voix est douce, harmonieuse, elle expose les troubles dont elle souffre avec sincérité, intérêt, et un désir évident d'avoir l'explication, de pouvoir en être soulagée.

> « Il y a six ans, j'étais alors enceinte d'un mois. Cela a commencé par la même chose : des chocs au cœur me réveillant. J'avais la manie de m'interroger, je me posais un tas de questions : qu'est-ce que c'est le bien ? qu'est-ce que c'est le mal ? Je souffrais, il y avait des moments où je ne cessais pas une minute de m'interroger ainsi. Je ne pouvais pas non plus regarder les dents d'une personne, cela me faisait un drôle d'effet ; j'avais toujours la pensée de devenir folle. J'avais peur de mordre. C'étaient des idées qui me venaient ainsi, je sentais bien que j'étais malade mais je ne pouvais pas les chasser. Cette crise a duré six mois, elle a surtout été forte pendant six semaines. Je ne m'en suis jamais remise, tout au moins complètement [...]. Quand je lisais des romans où des mères faisaient du mal à leurs enfants, j'avais peur d'en faire autant aux miens [...]. En dehors de mes crises de dépression, je suis très excitée, le fond de ma nature est de toujours remuer, les voisins me faisaient remarquer que je changeais continuellement mes affaires de place dans mon appartement. Je vous ai dit qu'au couvent, on m'appelait "la pétroleuse", et quand j'ai eu ma seconde crise, les bonnes sœurs disaient que j'étais devenue sage et que j'étais "convertie". »

Imaginons cette patiente consulter aujourd'hui, elle aurait eu certainement le diagnostic de « TOC » du fait de ses obsessions et serait traitée avec des antidépresseurs. En fait son trouble devrait être désigné comme « TOC bipolaire », car elle présente des crises de dépression et d'excitation, c'est ce que l'auteur inclut dans son travail sur la « *cyclothymie* ». Nous verrons plus loin l'importance du qualificatif « *la pétroleuse* » qui peut désigner des épisodes d'hypomanie ou mieux des traits d'un tempérament instable et cyclothymique.

Avec Christophe Demonfaucon, actuellement président de l'Aftoc, nous avons entrepris une revue exhaustive de la littérature psychiatrique française de 1838 à 1913 sur le TOC bipolaire. De telles revues sont importantes car les psychiatres américains connaissent peu l'histoire de la psychiatrie française et les auteurs français actuels ne lui font pas assez de publicité, elle est actuellement condamnée à la recherche d'une nouvelle identité.

On suppose qu'Esquirol, dans son fameux cas de Mlle F., a évoqué, sans trop insister, le rapport entre les phénomènes OC et thymiques : « 34 ans, de taille élevée ; elle a les cheveux châtains, les yeux bleus, la face colorée, le tempérament sanguin ; elle est d'un caractère gai et d'une humeur douce…, Mlle F. craignait de faire tort aux autres… la face se colore promptement pour la plus légère émotion. » C'est la mention du « tempérament sanguin » qui doit attirer l'attention dans le cas décrit par Esquirol.

Morel (1866) pensait que les éléments qui forment la trame du délire émotif se composent de faits d'*impressionnabilité* et d'*émotivité* avec prédominance de certaines idées fixes. Pitres et Régis insistaient sur l'émotivité morbide systématique pour expliquer les obsessions. Dans la préface de la thèse de son élève P. Kahn (1909), Gaston Deny renchérit sur la critique contre la psychasthénie, en déclarant : « Différents auteurs accusent aujourd'hui une certaine tendance à envisager les obsessions qui forment, comme on le sait, l'armature si merveilleusement ciselée par M. Pierre Janet de la psychasthénie, comme ressortissant plutôt à ces vieilles conceptions médicales de "folie intermittente", "folie à double forme", "folie circulaire", rajeunies et transfigurées par la théorie de la cyclothymie. »

P. Khan publiera sa thèse en 1909 où plusieurs observations de scrupules et d'obsessions seront observées avec la constitution cyclothymique. Il fera une communication au congrès de Nantes en 1910 sur l'obsession et la cyclothymie.

Selon Sollier (1909), on retient la réalité des liens entre le doute obsessionnel et les oscillations émotionnelles circulaires. C'est l'évidence de la place déterminante de la cyclothymie au sein du TOC. Cette évidence sera plus tard affirmée par Dupré (1909) qui expliquait l'association fréquente des accès de dépression psychique avec des crises d'obsession et de phobie par les traits persistants de cyclothymie entre les épisodes aigus.

Bedel (1911) observait que les obsédés présentent, en dehors de leurs crises, des troubles suffisamment caractérisés pour permettre de les rattacher à une constitution spéciale : *la marque de leur mentalité est l'instabilité d'humeur*. Ce sont des timides qui ont par moments des hardiesses, des découragés qui s'exaltent en d'éphémères enthousiasmes, des indécis qui prennent de brusques déterminations, des timorés qui se jettent à corps perdu dans le danger. Ils redoutent l'action, prévoyant son insuccès, abandonnent les projets à peine ébauchés, regrettent leurs actes dès qu'ils les ont accomplis.

Le travail de Gilbert Ballet

Dès 1900, G. Ballet liait la sitiomanie (boulimie) et la dipsomanie (impulsion à boire par crises), deux addictions obsédantes, à la psychose périodique. Lors d'un article écrit pour *La Presse médicale* du 14 mai 1902, qu'il signale à propos de la présence des obsessions au sein de la mélancolie intermittente. « Dans ces formes atténuées, il n'y a pas, à proprement parler, d'idées délirantes ; tout au plus de vagues idées de culpabilité, les malades se reprochant leur indifférence envers leurs parents, leur impuissance au travail, leurs agacements et leurs mouvements impulsifs ; assez souvent, on constate une tendance accusée aux craintes hypocondriaques. »

En 1903, G. Ballet reviendra sur ce sujet : « L'obsession est plutôt du domaine des états mixtes avec dépression affective et excitation motrice et psychique, analogue par conséquent à la mélancolie anxieuse. » Telle une boucle, G. Ballet fermera cette première partie de l'histoire qu'il avait commencée en rédigeant un mémoire de six pages manuscrites, le 8 janvier 1912 « Les obsessions dans la psychose périodique », jamais publié mais conservé aux archives à l'Académie de médecine. Dans ce manuscrit, il concluait : « Il ne s'agit pas ici, qu'on le remarque bien, d'une subtilité de classification qui n'aurait qu'un pur et maigre intérêt théorique. La révision que je défends a un incontestable intérêt pratique. »

Il est clair que la conclusion de Ballet est d'actualité. Il admet les pièges diagnostiques des formes combinées des obsessions et de la bipolarité et insiste sur l'importance de faire la distinction entre les cas de TOC bipolaire et isolé, nécessaire pour éviter les erreurs de pronostic. À l'époque de Ballet, il n'y avait pas le problème des antidépresseurs dont l'usage peut compliquer et aggraver les cas de TOC bipolaire. Mais il y a cent ans Ballet avait déjà capté l'importance des liens entre les obsessions et les troubles périodiques de l'humeur.

Il faut toutefois noter et affirmer que la clinique ne saurait se départir de son histoire, et y revenir est nécessaire à la mémoire des faits cliniques. Ils font écho aux travaux actuels et leur donnent toute leur amplitude. Au regard de cette revue, il est remarquable de redécouvrir les rapports entre TOC et bipolarité, et de s'appuyer sur ces fondations pour construire solidement sur les bases fragiles d'une mémoire limitée. Ainsi, en partant d'Esquirol et de Morel jusqu'à Bedel et Duclos, en insistant sur le travail remarquable de Ballet, nous observons que l'interface entre la maladie obsessionnelle et la bipolarité a été clairement défendue ! À l'époque, le terme de comorbidité n'existait pas. Toutefois, dans cette littérature de la psychiatrie française, se dégage le rôle majeur de l'hyperémotivité, notamment en tant que terrain commun car visible en dehors des accès obsessionnels ou des épisodes maniaques et mélancoliques. Maintenant, les auteurs évoquent les dimensions de « sensibilité interpersonnelle pathologique », des « traits borderline », de « réactivité thymique excessive », de « dépression atypique », d'« impulsivité perçue » pour expliquer la connexion anxio-bipolaire. Par fidélité au concept de terrain, l'hypothèse qui sera défendue plus loin est en faveur du rôle du « tempérament cyclothymique » comme terrain favorable commun au TOC et aux troubles bipolaires.

CHAPITRE 4

Comprendre les liens entre les TOC et les troubles bipolaires

Il existe plusieurs hypothèses explicatives de la comorbidité anxiodépressive à partir desquelles on peut tenter de comprendre la connexion anxiobipolaire et plus précisément les liens entre TOC et bipolarité. En raison des caractéristiques spécifiques de la bipolarité atténuée et de la cyclothymie par rapport aux dépressions communes, de nouvelles pistes sont à explorer. Il est évident qu'il reste beaucoup à faire en recherche clinique, thérapeutique et fondamentale. Par ailleurs, il serait impossible d'aborder un tel chapitre sans faire référence à la psychanalyse qui, par essence, est basée sur la compréhension des maladies mentales. Selon mon expérience, il est assez probable que, du fait de la psychanalyse, il y ait eu un énorme retard dans le dépistage et la compréhension du TOC, des formes atténuées de la bipolarité et surtout de la connexion entre les deux.

La comorbidité en psychiatrie

Le mot « comorbidité » est emprunté à la médecine somatique, qui signifie la présence de deux troubles chez le même sujet (par exemple, diabète et HTA, hypertension artérielle, angine de poitrine et hypercholestérolémie). En psychiatrie, la définition est loin de faire l'unanimité, car chaque trouble pose le problème épineux de sa définition, des moyens utilisés pour porter le diagnostic et ses causes. Le terme « comorbidité » s'est répandu abondé depuis la mise en place et l'application de critères précis pour définir les catégories diagnostiques sans la hiérarchie entre les catégories et sans aucun préjugé théorique.

➤ *Comorbidité actuelle ou séquentielle*

On a l'habitude de séparer les cas de « comorbidité actuelle », c'est-à-dire les sujets présentant simultanément les troubles, par exemple, « A » (anxiété) et « D » (dépression) au sein du même épisode, des cas de comorbidité séquentielle (ou *Lifetime,* soit sur la vie entière*).*

Il est clair que de telles conceptions ont suscité des querelles et des débats autour des définitions et de l'interprétation des résultats issus des enquêtes épidémiologiques. Par exemple, comment interpréter le fait que 90 % des sujets avec une anxiété généralisée présentent un autre trouble comme une dépression majeure (présente chez plus de 70 % des cas). Pour certains experts, il s'agit d'une fausse entité clinique (absence de spécificité sémiologique et rareté des cas isolés sans comorbidité) et pour d'autres, c'est la preuve de sa validité et de sa sévérité, car l'anxiété généralisée génère systématiquement d'autres troubles. Les patients qui souffrent de phénomènes mentaux pathologiques multiples existent, et c'est probablement la règle dans notre pratique de tous les jours. J'ai rarement vu des patients souffrant d'un seul trouble mental. Ce n'est pas le fait d'une sélection de patients difficiles qui consultent dans des services universitaires. Même les enquêtes épidémiologiques conduites en population générale montrent que les patients qui souffrent d'un trouble mental isolé sont en fait l'exception. La fréquence du TOC comorbide dans la population générale est double de celle du TOC isolé. Cette évolution des concepts psychiatriques n'est en réalité qu'un retour dans l'histoire de la psychiatrie. Dans ses leçons cliniques, J. P. Falret disait en 1854 : « La maladie n'est qu'une série d'événements complexes que l'observateur doit présenter sous leur véritable jour. »

➤ *Les pièges de la comorbidité*

Quoi qu'on dise sur la comorbidité, les patients présentant des tableaux cliniques complexes existent bel et bien. Les fréquences respectives des syndromes anxieux et dépressif isolés et comorbides ont fait l'objet de nombreuses enquêtes, notamment celles de Zurich et de Munich citées ci-après. Globalement, on constate que la moitié des sujets en population générale ne présente ni anxiété ni dépression. Ce qui est déjà une bonne nouvelle ! La fréquence des cas comorbides (soit cooccurrence de dépression majeure avec un trouble anxieux) est estimée entre 4,4 et 5,9 % de la population générale. La fréquence des cas de cosymptomatologie (trouble anxieux avec symptômes dépressifs, dépression majeure avec symptômes anxieux et mélange subsyndromique de symptômes anxiodépressifs) est entre 7,5 et 15,2 %.

Enquête Zurich (Angst, 1997)			Enquête Munich (Wittchen et Essau, 1993)		
D	d	Pas de dépression	D	d	Pas de dépression
A 5,9 %	3,2 %	2,9 %	A 4,4 %	1,2 %	7,3 %
a 7,4 %	4,6 %	4,0 %	a 3,5 %	0,8 %	21,9 %
Pas d'anxiété 8,3 %	13,4 %	50,3 %	Pas d'anxiété 5,0 %	2,4 %	53,4 %

D = Dépression majeure (critères complets) ; A = Trouble anxieux (critères complets d'un trouble caractérisé dans les manuels de classification).
a et d = formes subsyndromiques ou mineures de l'anxiété et de la dépression.

Afin d'éviter l'abus du terme comorbidité, certaines précautions doivent être appliquées tant dans la recherche épidémiologique que dans la pratique. Par exemple, il est nécessaire de pouvoir éliminer les cas de chevauchement symptomatique et, surtout, de s'assurer de la présence des critères complets de chaque trouble, sinon on peut facilement abuser de l'usage du terme « comorbidité ». Les chevauchements symptomatiques entre anxiété et dépression peuvent être responsables de « comorbidité artefactuelle ». Par exemple, fatigue, inhibition psychomotrice, mauvais sommeil, difficultés de concentration, découragement, irritabilité font partie des symptômes utilisés pour définir l'anxiété et la dépression. Pour être certain qu'une dépression est associée à l'anxiété, des signes comme une insomnie du matin, une perte de poids récente, des idées de mort (ou de suicide) ou un ralentissement psychomoteur sont des indices évocateurs (tableau).

	Anxiété	**Dépression**
• Émotion dominante	Peur, souci	Tristesse, irritabilité
• Tension physique	Augmentée (sur le « qui-vive »)	Souvent diminuée (patient abattu)
• Anxiété physique (somatisation)	Douleur antérieure (poitrine, estomac…)	Douleur postérieure (cou, dos…)
• Troubles du sommeil	Difficulté de trouver le sommeil	Insomnie matinale, sommeil non récupérateur
• Appétit/poids	Peu de changement significatif	Changements significatifs (perte ou prise)
• Idées de mort/suicide	Faibles	Présentes
• Variations nycthémérales	Aggravation en fin de journée	Amélioration en fin de journée
• Troubles psychomoteurs – Plans d'action	Inhibition Absents (patient ne sait pas quoi faire)	Ralentissement (patient sait ce qu'il doit faire mais ne peut pas initier son action)
• Le « temps »	S'adresse au présent ou au futur	Se réfère au passé (sorte de deuil)
• Le « lieu »	Danger, menace, peur sans objet	Perte, abandon, deuil
• Estime de soi	Maintenue	Dévalorisation
• Effet du contact avec les autres	Favorable (baisse des peurs)	Indifférent, parfois pénible
• Demande d'aide et attente de soulagement	Toujours	Réduites ou absentes

➤ *Les modèles de comorbidité*

Chaque trouble mental, pris à part, comporte plus d'une dizaine de modèles explicatifs qui tiennent compte de la biologie du cerveau, de la psychologie individuelle et sociale. Il n'est donc pas étonnant que les modèles proposés pour comprendre la comorbidité psychiatrique soient à leur tour plus nombreux et complexes. Cependant, paradoxalement, la comorbidité, simplifie les modèles.

La comorbidité logique ou pathogène

Faisant référence aux conceptions psychodynamiques, on peut accepter l'idée que certains troubles peuvent être la conséquence « logique » d'un autre trouble. C'est le modèle du « trouble secondaire ». Pour l'instant l'adjectif « secondaire » n'est que conventionnel, soit en raison des chronologies des âges respectifs de début de chaque trouble, soit en faisant référence aux modèles hiérarchiques. Rien ne peut affirmer que le trouble « B » est la suite logique du trouble « A ». Dans ce modèle, la dépression serait considérée comme secondaire, notamment dans les cas d'une anxiété chronique. Comme le TOC est une affection qui débute souvent à un âge plus précoce que la dépression et se maintient sur de nombreuses années, la dépression peut représenter une complication logique et fréquente. Toutefois, dans certains cas, la dépression débute avant le TOC, ce qui signifie que ce modèle ne s'applique pas à la globalité des cas comorbides.

Le modèle hiérarchique

Dans la continuité du premier modèle, certains experts admettent que les troubles ne sont pas au même niveau.

Ainsi, par ordre décroissant, on commence par la démence, la schizophrénie, les troubles bipolaires, les troubles dépressifs et en bas de l'échelle les troubles anxieux et réactionnels. Selon ce modèle, c'est la dépression qui domine et passe avant l'anxiété. En fait, en analysant les manifestations observées dans les dépressions, on constate schématiquement la présence de trois dimensions principales :

– une dimension typique caractérisée par l'humeur dépressive et l'abattement physique (avec ralentissement psychomoteur) ;
– une dimension marquée par l'anxiété, l'agitation, la somatisation et l'insomnie ;
– une troisième caractérisée par l'hostilité et la sensibilité interpersonnelle, une dimension à distinguer de celle de l'anxiété classique.

Ce qui revient à penser que l'anxiété représente une dimension de la dépression, celle-ci étant le trouble principal. Ce modèle hiérarchique s'applique aux manifestations anxieuses diverses et non aux troubles anxieux caractérisés comme le trouble panique, le TOC ou la phobie sociale. Pour cette raison, il est extrêmement important de ne pas confondre symptômes anxieux (« a ») et troubles anxieux (« A »).

*Le modèle dimensionnel,
un facteur psycho-biologique commun*

Malgré le fait que l'anxiété et la dépression coexistent de manière fréquente, certains experts les considèrent comme des troubles indépendants. Mais, pour expliquer la comorbidité entre les deux troubles, il y a lieu de penser à la présence d'un facteur psychobiologique commun. Les études familiales et génétiques vont dans ce sens. Il est probable que les mêmes gènes puissent générer l'anxiété et/ou la dépression en fonction de l'interaction avec des facteurs extérieurs (événements traumatisants précoces, mode d'éducation) et intérieurs (facteurs de personnalité, facteurs biologiques) différents. Par exemple, un déficit du gène qui code pour le transport ou la synthèse de la sérotonine pourrait générer en même temps une dépression, des attaques de panique, des crises de colère et/ou un TOC. C'est l'interaction de ce facteur biologique avec certaines éléments de la personnalité qui va générer des phénomènes psychiatriques différents. Par exemple, un déficit en 5HT chez un sujet méfiant, cynique et paranoïaque ne donnera pas les mêmes troubles que chez une personne de nature peureuse, évitante ou dépendante. Dans le premier cas, ce sont des crises de colère violente, alors que des crises de panique seront plus fréquentes chez une personnalité peureuse. Cette hypothèse est le plus argumentée par les données pharmacologiques montrant que plusieurs troubles apparemment différents répondent à un seul psychotrope (à une même famille de psychotropes) agissant de manière sélective sur le système sérotoninergique (ISRS). En isolant une dimension (ou fonction) comme celle de l'évitement et de l'habituation, on constate que, dans le TOC et d'autres troubles anxieux, l'évitement est le plus répandu des processus d'habituation. Les ISRS ainsi que la thérapie comportementale par exposition induisent, de la même manière, une facilitation des processus d'habituation. Ces effets sur le comportement ont été visualisés grâce à l'imagerie cérébrale en repérant les zones du cerveau sur lesquelles les médicaments et la TCC vont agir. Donc, la dimension d'habituation s'avère être une cible privilégiée pour les thérapeutiques efficaces dans le TOC et les phobies complexes.

Existe-t-il des dimensions liées à la sérotonine ?

On parle de sérotonine à cause de ses rôles physiologiques dans le cerveau et surtout en raison de la domination des ISRS, dans le traitement de la dépression et des troubles anxieux. Mon expérience de ces psychotropes, dès la fin des années 1980, m'a permis de constater qu'un nombre non négligeable de patients dépressifs, anxio-phobiques ou obsessionnels devenaient calmes, moins agités et impulsifs, sous l'effet de la fluoxétine (Prozac®), un des premiers ISRS.

Ces psychotropes ont eu un succès phénoménal au cours de la dernière décennie dans le traitement de la dépression, des troubles anxieux et de plus d'une quarantaine d'autres troubles psychiques et somatiques. Plus de quarante syndromes ou troubles sont susceptibles d'être soignés par les ISRS (tableau).

Liste des troubles répondeurs aux ISRS

– **Anorexie mentale**
– **Anxiété généralisée***
– Arthrose
– Autisme
– **Boulimie*** (frénésies alimentaires avec ou sans conduites de purge)
– Cataplexie (attaques soudaines d'une faiblesse musculaire extrême)
– **Comportements d'automutilation**
– **Déficit de l'attention et hyperactivité**
– **Dépendance à l'alcool** ou autres substances
– Dépression majeure*
– **Dépression saisonnière** (dépression de l'hiver)
– Douleur chronique
– **Dysthymie*** (dépression mineure chronique)
– Éjaculation précoce

- Énurésie
- Hypocondrie
- Impuissance sexuelle
- **Impulsivité agressive/trouble explosif intermittent**
- **Jalousie pathologique**
- **Jeu pathologique**
- **Labilité émotionnelle**
- **Migraine**
- Mutisme électif
- Myoclonies intentionnelles
- Neuropathie diabétique (douleur neurologique associée au diabète)
- **Obésité**
- Onychophagie (rongement compulsif des ongles)
- **Paraphilies** (conduites ou objets sexuels déviants, pédophilie, exhibitionnisme, fétichisme)
- **Phobie sociale*** (timidité excessive)
- Schizophrénie (dépression postpsychotique ; **schizophrénie dysthymique**)
- Syncopes (perte de conscience momentanée)
- Syndrome de Gilles de la Tourette (tics complexes chroniques)
- Syndrome de Raynaud (problèmes circulatoires intermittents au niveau des mains)
- **Trichotillomanie** (arrachage compulsif des cheveux et des poils)
- **Trouble bipolaire** (épisodes dépressifs associés à la manie/hypomanie)
- **Trouble borderline de la personnalité** (instabilité extrême des émotions et du comportement)
- **Trouble de dépersonnalisation** (sensation de détachement de la réalité)
- **Trouble dysmorphie corporelle** (obsession de l'apparence)

- **Trouble dysphorique prémenstruel***
- **Trouble obsessionnel compulsif***
- **Trouble panique*** (attaques de panique avec ou sans agoraphobie)
- **Trouble stress post-traumatique***

Avec un astérisque* : autorisation officielle de mise sur le marché en France et/ou aux États-Unis
En gras : troubles potentiellement de nature bipolaire

LE DYSCONTRÔLE COMPORTEMENTAL

À l'époque de son lancement, le Prozac® avait l'image d'un stimulant, ce qui est en partie vrai mais insuffisant pour comprendre la gamme de ses effets cliniques. Cette observation m'a conduit à élaborer en 1990 une échelle pour évaluer une dimension que j'ai désignée à l'époque dyscontrôle comportemental (encadré).

Échelle de dyscontrôle comportemental (EDC)
(Hantouche *et al.*, *Encéphale*, 1992)

Cet inventaire comporte 24 items. À chaque fois, il vous est proposé de faire le choix entre 4 possibilités de réponse. Lisez soigneusement chaque phrase et ne réfléchissez pas trop longtemps. Choisissez la réponse qui correspond le mieux à votre manière habituelle de penser, de ressentir ou d'agir. Indiquez toujours ce qui vous vient en premier lieu à l'esprit.
Mettez dans chaque case, le chiffre correspondant à votre réponse
0 = Pas du tout
1 = Parfois
2 = Souvent
3 = Fréquemment

Question	Score
1 – Je perds mon calme et me mets en colère	⎵
2 – Je ne supporte pas d'attendre	⎵
3 – Je suis incapable de résister à mes envies	⎵

4 – Je me décide trop rapidement	⊔
5 – Je suis obligé(e) de me forcer pour me maîtriser	⊔
6 – Je suis facilement agacé(e) ou irrité(e)	⊔
7 – J'ai des réactions brutales (cris, gestes)	⊔
8 – J'ai envie de casser ou lancer des objets ou de me battre	⊔
9 – Je supporte difficilement les contraintes de la vie de tous les jours	⊔
10 – Je n'arrive pas à imaginer à l'avance les suites de mes actes ou de mes paroles	⊔
11 – Je peux provoquer ou blesser les autres malgré moi	⊔
12 – Mon entourage se plaint de la brutalité de mes réactions	⊔
13 – J'ai peur de me faire du mal	⊔
14 – J'ai peur de faire du mal aux autres	⊔
15 – J'ai besoin d'agir pour calmer une tension intérieure	⊔
16 – J'exprime mes opinions et mes sentiments sans réfléchir	⊔
17 – Mon entourage me considère comme imprudent(e)	⊔
18 – Je ne supporte pas d'être agressé(e)	⊔
19 – Mon humeur change rapidement et sans raison	⊔
20 – Je suis facilement blessé(e) ou offensé(e) par les critiques	⊔
21 – Je ne supporte pas de ne rien faire	⊔
22 – Je me dispute pour un rien	⊔
23 – Je ne supporte pas la monotonie	⊔
24 – Mon problème majeur est de manquer suffisamment de contrôle sur moi-même	⊔

L'EDC est un outil d'autoévaluation. Le premier travail de validation de l'EDC a montré des scores significativement élevés dans les groupes de patients anxieux, dépressifs, alcooliques, boulimiques par rapport au groupe témoin. C'est le groupe boulimique qui a reçu le score le plus élevé. Par exemple le score moyen sur l'EDC était de 31,0 dans l'anxiété, 32,5 dans la dépression, 33,0 dans l'abus d'alcool et 43,1 dans la boulimie, contre 19,9 chez les sujets témoins. Cette première donnée confirmait le caractère dimensionnel du dyscontrôle, c'est-à-dire qu'il n'est pas exclusif ou spécifique d'un seul trouble. Cette étude sera suivie par une large enquête chez 1 360 patients présentant une dépression majeure. Le niveau de dyscontrôle était inversement corrélé à l'âge (39 pour les jeunes de moins de 20 ans et de 26 pour les sujets âgés de plus de 60 ans). Au sein de la dépression, le dyscontrôle semble plutôt corrélé à l'anxiété psychique qu'à la dépression proprement dite. Son niveau le plus élevé a été observé dans les dépressions agitées et impulsives. Une autre étude a permis de montrer que le dyscontrôle est sensible aux changements sous l'effet des antidépresseurs, notamment avec le Prozac® et surtout quand les antidépresseurs sont prescrits seuls sans anxiolytiques. Partant de ces données et d'autres issues de la littérature, on pouvait suggérer un modèle de distinction clinique et pharmacologique de l'anxiété :

- une dimension classique de l'anxiété, à dominance physique, avec une forte inhibition et des phobies, sensible aux effets des anxiolytiques ;
- une dimension de l'anxiété, essentiellement psychique dominée par l'impulsivité et le souci de perdre le contrôle, serait plutôt sensible aux effets des antidépresseurs et liée à des anomalies de la sérotonine. C'est cette forme d'anxiété qui est sous-jacente aux liens entre anxiété et dépression, donc à la comorbidité anxiodépressive.

Sans prétendre remplacer la nosologie classique des troubles mentaux, le modèle dimensionnel est utile pour comprendre les similitudes cliniques et biologiques entre plusieurs troubles mentaux et saisir les bénéfices multiples et variés des traitements spécifiques. Ainsi on peut répondre à la question de savoir comment les antidépresseurs sélectifs peuvent avoir des effets calmants (réduction de l'hostilité et des crises de colère), antianxieux, antiphobiques, antiboulimiques, antiobsessionnels, et tant d'autres, en plus de leur effet antidépresseur propre.

Le modèle de « comorbidité pronostique »

Tant que les causes de l'anxiété et la dépression ne sont pas identifiées, l'explication de la comorbidité reste totalement hypothétique. Cependant la comorbidité a d'autres messages à livrer en dehors de sa causalité. En fait, la co-occurence de deux troubles est en général un marqueur de sévérité. Elle signifie une plus grande souffrance, une augmentation du niveau de sévérité globale, une élévation des différents risques, en particulier le risque suicidaire, ou une répercussion sur le protocole thérapeutique (avec une influence sur la réponse aux traitements conventionnels). Dans ce sens, certains experts proposent le concept de « comorbidité pronostique ». C'est encore avouer la faiblesse de nos systèmes de classification ou la complexité des pathologies. En l'absence des causes réelles ou des mécanismes impliqués dans les troubles mentaux, on est condamné à l'observation et au suivi des patients. Cela dit, on peut tester l'impact de la comorbidité sur la souffrance, la reconnaissance diagnostique, le pronostic ainsi que les protocoles thérapeutiques. Par exemple, on sait que, dans le trouble panique, le risque suicidaire est multiplié par 10 environ par rapport aux cas ne présentant pas ce trouble. Le risque multiplicatif va encore augmenter en cas d'antécédent de dépression (taux qui passe à 50 %) et encore plus en cas de comorbidité surajoutée d'abus d'alcool (taux qui passe à 72 %), alors qu'il est de 17 % environ chez les patients qui présentent uniquement le trouble panique sans antécédent dépressif. Globalement, la fréquence des tentatives de suicide dans un trouble anxieux isolé (sans dépression) est autour de 6 %. Elle est quand même plus élevée par rapport à la population générale sans trouble mental (fréquence de 1 %). Donc, la comorbidité dépressive va potentialiser le risque suicidaire. Dans le TOC, on a observé le même phénomène. Le taux global des tentatives de suicide est de 17 % chez les sujets avec un TOC. Ce chiffre passe à 35 % chez les sujets souffrant d'un TOC avec un antécédent dépressif.

D'un point de vue clinique, l'émergence d'idées et de conduites suicidaires chez les sujets anxieux s'explique soit par la comorbidité dépressive, soit par la survenue d'états de démoralisation. Il y aurait une troisième explication. On peut imaginer l'existence d'un pont reliant le passage de l'anxiété à la dépression, un pont qu'on qualifie de « débordement de contrôle » ou « impulsivité ». C'est probablement ce facteur qui expliquerait le rebondissement du chiffre de tentatives de suicide chez les sujets anxieux-dépressifs. Cette hypothèse confortait l'intérêt de l'échelle de dyscontrôle comportemental.

De même, le taux de demande de soins augmente de façon importante en cas de comorbidité (« AD ») ou de cosymptomatologie (« Ad »). Pour rappel, les lettres en majuscules correspondent aux troubles majeurs et celles en minuscules aux formes mineures de l'anxiété et dépression. En effet, le meilleur résultat obtenu dans les enquêtes épidémiologiques, comme celles de Zurich et Munich, était de montrer que les niveaux de détresse et de demande de soins étaient plutôt influencés par la cosymptomatologie (par exemple « Ad » *versus* « A ») que par l'intensité de chaque trouble (par exemple « A » *versus* « a »). Par exemple, 35 % des cas avec « D » contre 39 % des « d » sont traités ; alors que 63 % des « ad » sont traités. De même, Les cas avec « Ad » et « AD » sont traités avec la même fréquence (respectivement

78 % et 81 %). C'est une donnée épidémiologique capitale à retenir, car, dans la pratique, les médecins sont plutôt sensibles aux syndromes majeurs et négligent totalement les manifestations mineures associées. On verra plus loin comment la coexistence des manifestations bipolaires mineures peut influencer l'intensité, l'expression clinique et le pronostic TOC.

Au total on peut retenir qu'en présence d'un trouble isolé, qu'il soit anxieux ou dépressif, les sujets tentent de contrôler la situation par eux-mêmes. En revanche, les capacités de contrôle du sujet seront vite débordées en cas de cooccurrence d'autres symptômes et, par conséquent, la demande de soins sera plus fréquente. Aussi les cliniciens doivent-ils s'attendre à cette réalité : les patients qui viennent consulter présentent plutôt des conditions comorbides qu'isolées. La majorité des patients ont passé plus de dix ans à lutter seuls contre leur TOC et c'est la survenue d'une dépression, d'attaques de panique ou autre trouble, qui a motivé la première demande d'aide.

Prendre en considération la « globalité » et la « temporalité » du sujet

La comorbidité a incité de nombreux débats et controverses. Loin de vérifier la validité de ce concept, car on ne sait pas, pour l'instant, définir exactement les seuils pathologiques des entités cliniques, et ne connaît non plus les « vraies » causes des troubles mentaux pour pouvoir affirmer la présence de deux troubles. En psychiatrie sans connaître les causes, on peut comprendre et soigner les malades. Bien que complexe, la comorbidité a le mérite d'avoir suscité des réflexions sur les modèles explicatifs de sa présence ainsi que des troubles mentaux isolés. Quand il s'agit de comprendre les cas comorbides, on imagine bien le nombre incroyable de combinaisons possibles des hypothèses. Cependant, certains experts pensent le contraire. Les concepts de comorbidité sont plus proches de la réalité des patients et tiennent compte des points communs qui existent entre plusieurs catégories diagnostiques, théoriquement indépendantes ou distinctes. Prenons l'exemple des épisodes dépressifs majeurs, l'hypomanie, la cyclothymie, le TOC, le trouble panique, les obsessions de l'apparence, la boulimie, l'abus de substances, la personnalité borderline... Certains patients présentent l'ensemble de ces troubles. La recherche du (des) phénomène(s) commun(s) entre les 9 catégories diagnostiques permettrait de comprendre cette complexité apparente. Le résultat d'une telle démarche pourrait alors simplifier les concepts explicatifs des troubles isolés et surtout alléger la souffrance avec des traitements efficaces plus ciblés.

La comorbidité garde encore ses secrets. Tenant compte des critiques qu'on peut formuler au sujet des concepts de comorbidité, l'idéal serait de considérer le trouble mental dans la globalité et la temporalité du sujet. Dans cette approche, les tempéraments affectifs ont une place fondamentale comme par exemple le tempérament cyclothymique dans la formation des tableaux cliniques complexes, comorbides et atypiques.

Ce que la psychanalyse a ignoré

➤ *Les obsessions selon Freud*

Selon la psychanalyse, les névroses sont l'expression de conflit entre le moi et celle des tendances sexuelles qui apparaissent au moi comme incompatibles avec son intégrité ou ses exigences éthiques. Freud a été le premier à séparer les obsessions des phobies puis à opposer la névrose obsessionnelle et hystérique. Dans celle-ci, les mécanismes de conversion dominent, tandis que, dans la névrose obsessionnelle, ces mécanismes ne jouent pas. Le sujet obsessionnel va se trouver dans l'impossibilité de liquider les idées pénibles ou traumatisantes. Par un phénomène de déplacement, les obsessions représenteraient un substitut de l'idée traumatisante. De même le passé sera déplacé systématiquement dans le présent. En effet, la souffrance du TOC est toujours focalisée sur le moment vécu. Les compulsions et les rituels peuvent s'ajouter aux obsessions comme des défenses secondaires. En d'autres termes, le névrosé obsessionnel ne peut donc que dissocier l'affect pénible de la représentation psychique. Déjà à ce stade de la conception du TOC, la psychanalyse ignore la présence de TOC sans obsessions, de formes à dominance compulsive, et surtout présume que les compulsions ne sont que des défenses accessoires, ce qui est loin de la réalité clinique. Ici il s'agit d'une faiblesse diagnostique, car les compulsions sont naturellement indépendantes des obsessions. L'association des deux est surtout fréquente dans les cas intenses, notamment chez ceux qui consultent en psychiatrie.

En 1909, « L'homme aux rats » est le seul cas de notes prises par Freud sur la névrose obsessionnelle. Il met l'accent sur l'opposition précoce entre les sentiments d'amour et de haine dans la prime enfance. Comme dans toutes les névroses, un mécanisme commun de régression va s'opérer. Chez les sujets obsessionnels, la régression s'arrête à la phase anale, d'où l'importance du fantasme sadique chez les obsédés. Rappelons que dans le cas de l'homme aux rats, le patient de Freud avait une obsession morbide, celle « d'être torturé par des rats introduits dans son anus ». On acceptait donc l'hypothèse d'une régression à une organisation sexuelle prégénitale, sadique et anale. Par conséquent Freud parlait d'une « prématuration du moi », avec une prohibition du contact avec l'objet de désir. Non seulement le contact physique direct, mais toute pensée en contact ou en rapport avec l'objet désigné est interdite. C'est donc un travail permanent d'« isolation affective » entre le sujet et l'objet de son désir. Freud rapproche la toute-puissance des idées, avec la tyrannie du surmoi cruel et sadique qui va imposer des choses au moi. En conclusion, l'obsession est une régression de la structure de la libido. Elle subit plutôt l'érotisme anal que la génitalité. Ce qui va entraîner un renforcement de la passivité, une régression de l'acte à la pensée, et un conflit perpétuel entre pulsion de mort et pulsion de vie. À ce stade on peut accepter cette vision qui correspond bien avec la structure sadique-anale de la personnalité obsessionnelle compulsive (POC) et non aux symptômes du TOC. En fait on est loin de retrouver toujours ce type de personnalité chez les sujets souffrant de TOC. Cette confusion systématique entre POC et TOC est une autre faiblesse de la théorie psychanalytique du TOC. Actuellement on sait que le TOC peut survenir sur n'importe quel type de personnalité et que le lien avec un POC n'est jamais nécessaire ! Cependant, des perspectives analytiques sont intéressantes, permettant de mieux comprendre certaines modalités de personnalité qui peuvent entraver le processus thérapeutique d'un TOC : l'agressivité contenue, l'hypercontrôle, la méfiance, la dépendance ambivalente, la tyrannie imposée à l'entourage…

D'habitude la psychanalyse affirme que les obsessions et les rituels signifient toujours autre chose que leur apparence. Les symptômes du TOC emploient le mécanisme de déplacement et la défense s'oriente d'abord contre les pulsions agressives (genèse des obsessions), puis contre les obsessions (par l'émission des compulsions pour annuler les obsessions). Si Freud avait raison sur la transformation des pulsions agressives en phénomènes obsessionnels, comment alors peut-on expliquer la persistance de l'impulsivité au sein des TOC les plus structurés ? Il ne s'agit pas du « retour du refoulé », car ce qui est désigné comme « refoulé » (pulsions agressives, colère, hostilité) est toujours présent. Il suffit d'empêcher un sujet souffrant de TOC d'accomplir ses rituels ou de les parasiter par mégarde, pour constater l'intensité excessive de la colère hostile. Pas besoin d'être expert psychanalyste pour constater les rapports entre le TOC et les phénomènes colériques impulsifs ! Donc les phénomènes de colère et d'agressivité ne sont pas refoulés comme la psychanalyse le prétend.

De plus, la psychanalyse ne dit pas l'origine de ces phénomènes primaires et les raisons pour lesquelles ces phénomènes sont à ce point importants dans le TOC. On sait que dans le TOC il existe un niveau élevé d'« impulsivité perçue » qui est encore plus important dans les cas associés à une cyclothymie. Ainsi le rôle joué par les dérèglements de l'humeur au sein des névroses et des anxiétés pathologiques a été largement négligé dans la psychanalyse. En effet certains aspects de la cyclothymie sont interprétés comme relevant des troubles de la personnalité (hystérie, état limite, narcissisme...). Là aussi, on retient une autre ignorance majeure de la psychanalyse !

En 1926, Freud écrivait « la névrose obsessionnelle est, à n'en pas douter, l'objet le plus intéressant et le plus fécond de la recherche analytique. Mais le problème qu'elle pose n'est toujours pas dominé ». Il émettait l'hypothèse d'un facteur constitutionnel. En fait, le vrai problème ne vient pas de Freud mais de ses successeurs qui n'ont rien apporté d'essentiel aux idées fondamentales de Freud. Dans la continuité de l'hypothèse d'une constitution sous-jacente, mes études et d'autres ont révélé qu'une constitution cyclothymique est présente au moins dans la moitié des cas. D'autres travaux sont nécessaires pour explorer la nature constitutionnelle dans la globalité des TOC.

En résumé, les points de faiblesse de la théorie psychanalytique dans le TOC sont représentés par :
- l'interprétation des compulsions comme des phénomènes secondaires et accessoires par rapport aux obsessions ;
- la confusion systématique entre personnalité et trouble obsessionnel compulsif ;
- l'absence de travail sur la nature et l'origine des phénomènes impulsifs et agressifs et surtout la négligence totale du rôle de la cyclothymie ;
- enfin, les modalités de pratique de la psychanalyse avec son manque de structure et d'évaluation, sa passivité, sa focalisation sur l'écoute et l'interprétation...

▶ *La psychanalyse de Jeanne ne l'a pas guérie*

À partir d'un cas, « L'homme aux rats », rapporté par Freud, on a pu construire des hypothèses soi-disant « claires » pour comprendre et soigner les obsessions pathologiques. Ainsi des cures psychothérapeutiques ont été (et sont actuellement) proposées, parfois abusivement, aux patients souffrant de TOC, comme la « seule vraie thérapie ». Dans mon expérience avec des centaines de patients, je n'ai jamais rencontré un seul cas amélioré avec l'approche analytique. Comme si le TOC était, par nature, tout simplement réfractaire à cette approche, même si celle-ci propose des modèles explicatifs plus ou moins séduisants.

Jeanne présente un TOC avec prédominance d'obsessions impulsives, associé à une périodicité et une bipolarité, qui a été soigné par une psychanalyse.

> « C'est à l'adolescence, vers 12 ans, l'âge de la puberté, que mes troubles ont commencé. Une idée bizarroïde s'était logée dans mon cerveau à la lecture d'un article de presse offrant le témoignage d'un jeune prêtre qui s'était longuement interrogé sur sa vocation avant de se sentir "appelé" par Dieu. Impossible d'évacuer cette obsession de m'enfermer volontairement dans un couvent. Il a fallu toute l'argumentation répétée de mes parents pour me démontrer par "a + b", toute l'absurdité de ma crainte. L'idée en question a donc disparu. Mais mon adolescence a été très douloureuse au niveau psychologique : attirance passionnelle pour des personnes du sexe féminin, timidité maladive, moqueries très fréquentes de la part des camarades, impression d'être laide et peu attirante.
> « À la fin du concours d'agrégation, j'ai ressenti comme une délivrance mais de courte durée ; presque immédiatement, mon cerveau m'a entraînée vers une autre idée absurde, bien plus terrible que la précédente : et si je tuais quelqu'un, toujours contre ma volonté, mais en le faisant exprès ? Ma terreur a été à la mesure de la monstruosité de cette idée. J'avais peur de tuer un enfant qui m'était très proche, ma phobie s'est étendue à d'autres enfants, surtout des bébés, des êtres sans défense qu'il m'était *a priori* facile de tuer. Je demandais à mes parents (car je vivais encore chez eux) de m'enfermer à double tour dans ma chambre pour que je ne puisse pas me lever la nuit et tuer quelqu'un [...].
> « J'avais entamé une psychanalyse dont j'aimerais dire un mot : au bout de trois ans d'analyse sur le divan, j'ai vécu une expérience où j'ai brusquement senti, au cours d'une crise particulièrement aiguë, une sorte de valse intérieure des idées, un tourbillonnement à l'intérieur du crâne ; et brusquement, comme par magie, ma crise s'est arrêtée. Mon angoisse phobique, qui prenait alors la forme d'une sorte de vertige intérieur au-dessus d'un gouffre mental sans fond, a cessé. Je me suis relevée du fauteuil où je m'étais assise,

et j'ai décidé d'aller ranger de fond en comble toute la bibliothèque de mon père en classant les livres par ordre alphabétique, symbole de mon nouvel ordre intérieur. À la séance d'analyse suivante, j'ai, bien entendu, exprimé ma gratitude à celui dont je pensais qu'il était l'agent essentiel de ma libération.

« Si je raconte cette expérience psychanalytique qui s'est passée il y a sept ans, c'est pour en montrer le caractère à la fois dangereux et trompeur : dangereux, car j'ai désiré reprovoquer ce déclic libérateur un jour où je n'allais pas très bien (même si mes angoisses avaient perdu leur caractère vertigineux). Je suis alors rentrée dans une phase psychotique : j'ai fait ce qu'on appelle une bouffée délirante, j'avais des hallucinations auditives, visuelles et olfactives. J'étais persuadée que mes parents voulaient me tuer. Je me suis donc enfuie le soir, avec ma voiture et j'ai réalisé une course absolument folle sur l'autoroute pendant la nuit entière. Il a fallu m'hospitaliser. Le malheur est qu'un an après, exactement, j'ai refait une bouffée délirante, puis une troisième quelques années plus tard, qui s'est soldée par une tentative de suicide. Je disais qu'en outre l'expérience psychanalytique était trompeuse, car j'ai, des années après le déclic libérateur dont j'ai parlé, refait la même expérience (tourbillonnement des idées avant que l'angoisse ne cesse brusquement) dans un contexte tout autre et sans aucun lien avec une quelconque pseudo-révélation sur mon passé ! J'ai d'ailleurs rechuté le lendemain pour sombrer dans le plus profond cauchemar. [...] »

Ce témoignage illustre les faiblesses de l'approche psychanalytique du TOC. Avant tout, le traitement a négligé la bipolarité qui devrait être suspectée par la prédominance des obsessions à caractère impulsif (avec une thématique religieuse, sexuelle et agressive), la coexistence des troubles comme le souci de l'apparence et l'anxiété sociale et l'évolution épisodique des troubles dont certains à caractère psychotique. De plus, la patiente décrit bien les phases d'exaltation et d'accélération cognitive (tourbillonnements des idées) au cours desquelles les phénomènes obsessionnels disparaissent. On sait bien que dans l'hypomanie certains TOC disparaissent spontanément ! Dommage que la psychanalyse pèche par excès d'interprétation aux dépens d'une observation fine des comportements et des émotions qui aurait permis de porter un bon diagnostic !

Les personnes souffrant de TOC, et surtout de TOC bipolaire, doivent être réellement aidées et elles ne le sont malheureusement pas avec les approches freudiennes orthodoxes. Certaines améliorations peuvent se produire naturellement au fil du temps, ce qui peut arriver pour quantité de raisons et ces progrès sont immédiatement mis au compte de l'analyste. En effet, si le récit s'arrêtait à la première rémission brutale des obsessions, on pourrait penser que c'est la psychanalyse qui a abouti à un tel résultat. De plus il faut toujours se méfier des disparitions brutales du TOC, elles peuvent être révélatrices d'une rémission naturelle (mais passagère), d'un virage maniaque (spontané ou induit par le traitement), ou d'un risque suicidaire imminent. Rien n'invite, donc, à se réjouir d'une telle évolution !

Avec les hypothèses de la psychanalyse, on a pensé avoir presque tout compris sur la genèse des symptômes obsessionnels compulsifs et en même temps tout raté dans leur traitement. C'est un des constats les plus consternants en psychiatrie : comprendre la totalité des mécanismes psychologiques d'une maladie sans obtenir de résultats en appliquant les modèles ayant servi à comprendre ! Alors à quoi et surtout à qui sert de comprendre ? Il est interdit de laisser un malade souffrir en lui assurant que sa « névrose obsessionnelle » est nécessaire à son équilibre psychique, qu'il ne faut pas soigner les symptômes censés être « protecteurs », qu'il faut aller plus loin, longtemps, très longtemps, et éviter les médicaments qui risquent de polluer le processus analytique. Au sein de l'Aftoc, certains membres perçoivent toutefois la psychanalyse comme une approche positive. Quelques-uns deviennent eux-mêmes psychanalystes lorsqu'ils sont sortis d'affaire par les soins adéquats.

Mais quand la cure se prolonge et que les améliorations se font attendre, le patient s'entend dire que son état serait bien pire sans le « silencieux tuteur[1] ». Si l'analysé souhaite interrompre la cure pendant quelque temps, l'analyste menace de le mettre sur la « liste d'attente » le jour où il voudra reprendre. Les « fugueurs » repentants doivent parfois attendre deux ou trois ans avant de pouvoir récupérer le divan. Le patient, surtout celui qui est obsessionnel, développe dès lors une conduite « superstitieuse » : il n'ose transgresser les règles pour voir si ce qu'il redoute se produira effectivement : la stagnation ou l'aggravation. La personne qui souffre de difficultés psychiques, réelles et graves, n'a pas la possibilité d'exercer un contre-contrôle vis-à-vis de son analyste. Elle est endoctrinée par la culture ambiante et par l'analyste qui lui fait la « faveur » de la recevoir. Une seule consolation toutefois : un divan est plus confortable qu'un confessionnal...

Une activité est d'autant plus valorisée qu'on y a consacré plus de temps, d'argent et d'efforts. Interrompre une telle activité revient à déclarer : « Je me suis trompé, cela n'a servi à rien. » Il s'agit d'un revirement auquel la majorité des gens n'est pas préparée. Sans négliger les pistes dynamiques, chères à la plupart des psychiatres en France, la théorie psychanalytique ne sera jamais exclusive (et ne devra jamais l'être) ni complète pour expliquer le TOC ou

---

1. Jacques Van Rillaer, *Les Thérapies comportementales*, Morrisset, Essentialis, 1995.

élaborer les plans thérapeutiques. Cela est d'autant plus vrai pour la comorbidité TOC et bipolarité.

Le TOC bipolaire appartient-il à un modèle connu ?

Je vais tenter à travers les modèles détaillés en amont de trouver le(s) modèle(s) permettant de comprendre la connexion anxiété, TOC et bipolarité, en sachant que, dans bipolarité, figurent les épisodes dépressifs.

Il y a peu de chevauchements entre TOC, hypomanie et cyclothymie. Si le TOC et la dépression présentent des éléments cliniques en commun, en revanche, l'hypomanie et la cyclothymie sont loin d'être semblables au TOC. Quoique certains symptômes hypomaniaques, comme le jaillissement des idées, la rapidité de la pensée, et l'hyperactivité motrice, puissent avoir quelques ressemblances avec les obsessions et/ou les compulsions.

➤ Impulsif puis compulsif : une conséquence « logique »

La référence au « modèle du trouble secondaire » ou de « comorbidité pathogène » est nécessaire, car certains troubles peuvent être la conséquence « logique » d'un autre trouble préexistant. Si ce modèle est fiable, la seule possibilité serait en faveur du TOC secondaire à la cyclothymie. Il est inconcevable d'imaginer le cas de figure inverse, c'est-à-dire la possibilité que la cyclothymie soit secondaire au TOC. En fait la cyclothymie est par définition une prédisposition basique de la personnalité à déterminisme génétique. Mais le paradoxe réside dans le fait que les premières manifestations cliniques de la cyclothymie sont représentées par l'anxiété de séparation et d'autres anxiétés (anxiété sociale, attaques de panique, TOC…). Il faut attendre un certain âge, entre 15 et 18 ans, pour voir apparaître les manifestations classiques de la bipolarité, notamment les premiers accès (hypo)maniaques. En revanche, la recherche des indices de bipolarité juvénile montre systématiquement l'évidence des traits cyclothymiques à un âge très jeune, même avant les signes du TOC. Ainsi ce qui est le plus visible, comme les rituels, la lenteur, la rumination, le perfectionnisme et les précautions excessives, est en fait une tentative psycho-comportementale pour contrôler les oscillations chaotiques des émotions, des pulsions et des pensées. Tout comme les conduites d'évitement face à la montée de l'angoisse. La compulsivité serait logiquement une formation faisant face à l'impulsivité cyclothymique.

J'ai testé cette hypothèse dans ma pratique et observé qu'en soignant la cyclothymie seule surtout chez les très jeunes, on peut obtenir une réduction, voire une disparition complète du TOC.

Le cas d'Éléna est édifiant. Elle vient consulter à l'âge de 18 ans. Dans son histoire, le TOC a commencé à 9 ans et les traitements à 15 ans. Le premier était un antidépresseur, qui très vite sera associé à deux neuroleptiques puissants. À 16 ans, elle est hospitalisée dans un institut psychiatrique pour six mois, avec toujours des fortes doses de neuroleptiques (comme si elle était une grande schizophrène !). Depuis le trouble ne fait que s'aggraver avec un traitement comportant toujours l'antidépresseur prescrit au début et les neuroleptiques. L'évaluation de la cyclothymie révèle un score de 20/21 (pour rappel un score de 10 ou plus signifie la présence d'une cyclothymie). Mon impression est que le premier traitement a donné un coup de fouet au trouble, avec survenue de manifestations atypiques psychotiques légitimant la prescription de deux neuroleptiques puissants. Mais voyons ce qu'Éléna m'explique dans un e-mail ; c'est une pratique souvent utile pour les patients qui ont du mal à expliquer leur trouble en face du médecin.

« Ce sont des choses dont j'aimerais discuter sans vraiment le vouloir ! Car, j'ai toujours considéré qu'on ne peut rien pour cela… Ce sont, évidemment, des choses que chacun digère à sa façon ! La douleur que j'éprouvais n'avait pas de limites… "Normale" pour moi… Ainsi, petite, à ma première visite chez un psy, je ne décrochai pas un mot ! Aujourd'hui, c'est toujours le cas ! Cependant, je crois que ne pas accepter la mort à ce point m'a poussée très loin, trop loin ! Au fond de moi-même, la mort est plus que présente… Je pense que c'est ce qui me pousse à en vouloir autant ! Et justement je fais des progrès ! C'est un combat ! Je ne voudrais en aucun cas faire confiance à la vie quoiqu'il faille souvent la brosser dans le sens du poil ! Dangereux ! Je crois avoir beaucoup de mal à accepter tout confort ! Les conséquences sont nombreuses !

« La dernière fois, vous m'avez dit que vous aviez une autre patiente qui voyait des sexes à la place des portraits de ses parents, vous vous souvenez ? Eh bien, c'était ainsi pour moi à 9-10 ans !

« Cette période fut difficile car, hormis la mort, bien des sujets me hantaient ; tout l'excès de ce nouveau corps se jetait sur moi… J'avais peur de devenir une prostituée, de ne pas sortir vivante d'un viol, de ne pas contrôler mes gestes (suicide, assassinat)… Je ne contrôlais rien, tentais de me calmer sans arrêt… En cours, je transpirais à grosses gouttes… Je pleurais souvent, parlais beaucoup avec ma mère, dormais de moins en moins, mais surtout, appréhendais chaque soirée, moment où il faudrait me remettre à moi-même pour dormir… Il fallait trouver des stratégies pour trouver le sommeil… »

Ce printemps, après quelques mois de traitement adapté, Éléna a pu réussir son bac. Puis elle passera deux mois en Grèce pour travailler, sa carte postale envoyée de là-bas attestait qu'elle était en excellente forme, savourant pour la première fois une certaine sérénité et une joie de vivre.

La leçon à tirer de cet exemple est la présence des signes d'impulsivité cyclothymique (peurs de ne pas se contrôler, de devenir une prostituée, de se suicider) déjà avant la survenue des manifestations obsessionnelles et compulsives (images sexuelles, grand souci de perfection et de bien faire, répétitions des gestes, puis inhibition massive des relations). Le souci obsédant de perdre le contrôle de soi a été le symptôme le plus envahissant. Dans ce sens, le TOC peut être considéré comme une tentative d'adaptation face à l'impulsivité et l'instabilité cyclothymiques. Je me demande si Freud n'avait pas déjà pensé à cette possibilité en liant la formation du TOC à des états basiques d'agressivité. Mais sa seule « grande » erreur était de négliger la cyclothymie, qui cependant était connue à l'époque et proposée même comme la cause de nombreux cas de psychasthénie, ancienne appellation du TOC !

➤ *La cyclothymie domine le TOC*

Selon ce modèle hiérarchique, on considère que les troubles de l'humeur sont plus importants que les troubles anxieux. En continuité avec le modèle précédent, il est complètement légitime de penser que la cyclothymie prime sur le TOC, qui serait alors une adaptation ou une conséquence. Ce qui revient à dire que le TOC serait un phénomène secondaire, éventuellement une des facettes de la cyclothymie, car d'autres syndromes sont également observés comme les attaques de panique, les addictions, les troubles alimentaires. Comme le précédent, ce modèle est utile quand il s'agit d'organiser les stratégies thérapeutiques du TOC bipolaire. Si la cyclothymie est hiérarchiquement plus importante que le TOC, cela signifie que le traitement de la bipolarité doit primer sur le traitement du TOC. Cela souligne l'importance de commencer dans un premier temps par les stabilisateurs de l'humeur et d'ajouter dans un deuxième temps les ISRS. Malheureusement, la pratique nous montre que les choses se font complètement à l'envers. Le TOC est soigné en premier avec des doses phénoménales d'ISRS (car souvent le TOC bipolaire est par nature résistant). Et ce n'est que lors de la survenue des complications que le diagnostic de bipolarité sera parfois envisagé.

➤ *Une maladie unique ?*

Pourquoi pas ! En 1909, Deny et Charpentier pensaient que les obsessions, la psychasthénie et la PMD relevaient d'un processus univoque. Depuis, chaque trouble a suivi son propre destin : la psychose ou PMD pour la bipolarité et la névrose pour le TOC. Donc deux destins parallèles sans aucune possibilité de croisement ! Jusqu'à présent, les experts du TOC nient les liens privilégiés entre TOC et bipolarité, il faut cependant admettre que, pour certains cas de TOC bipolaire, le modèle de la maladie unique est applicable et pour le reste il pourrait s'agir d'une vraie comorbidité, c'est-à-dire de la présence de deux troubles distincts. Le fait que la majorité des cas de TOC bipolaires aient besoin d'un double traitement, stabilisateur de l'humeur et ISRS, est en faveur de cette conception.

➤ *Un facteur causal commun ?*

Comme les choses en psychiatrie ne sont jamais simples, certains auteurs évoquent le « modèle de discontinuité avec un facteur causal commun », en d'autres termes on accepte la distinction entre TOC et cyclothymie tout en gardant la possibilité de dimensions biologiques et psychologiques communes, responsables des liens entre les deux troubles, donc expliquant la comorbidité. Des anomalies des systèmes de la sérotonine, la dopamine, du GABA ou du glutamate sont des candidats potentiels. Pour l'instant, on ne connaît pas de manière certaine les substratums biologiques ou génétiques sous-jacents au TOC ou à la bipolarité, pour établir des facteurs de causalité commune.

Au niveau psychologique, on peut imaginer l'existence dans le TOC et la bipolarité, de dimensions communes comme l'impatience, la précipitation d'agir ou l'impulsivité, l'hyperréactivité émotionnelle (crises de colère, hostilité et sensibilité pathologique au rejet) et la fragilité thymique avec une forte propension à la dépression. Ces modèles dimensionnels paraissent plus séduisants et probablement plus logiques à appliquer dans la recherche, voire dans le traitement. Par exemple, on peut fixer une dimension cible pour les psychotropes, comme l'impulsivité et l'impatience et, en second, mettre en place une psychothérapie spécifique pour aider le sujet à réduire et différer les compulsions. Cela explique l'échec systématique de la psychothérapie quand elle est administrée en premier lieu dans le TOC bipolaire.

La place de l'impulsivité est primordiale tant dans le TOC que dans la cyclothymie. Le TOC apparaît alors comme un mélange paradoxal de lenteur compulsive qui se greffe sur un fond d'impulsivité. Une telle configuration du

TOC serait suffisante pour orienter vers la piste de la bipolarité. Actuellement, on parle de l'« impulsivité perçue » au cœur du TOC.

➤ *Une comorbidité pronostique*

En se limitant au domaine de la clinique et de l'observation, la cooccurrence du TOC et du trouble bipolaire obéit au modèle de la comorbidité pronostique, c'est-à-dire un modèle qui explique les conséquences de la comorbidité et non sa causalité. La coexistence des deux troubles signifie plus de complexité, probablement induite par une aggravation réciproque. En fait, l'expérience clinique et les enquêtes épidémiologiques récentes ont révélé que, dans les cas associant des syndromes obsessionnels, anxieux et bipolaires mineurs, la fréquence des niveaux de détresse et d'interférence avec le fonctionnement est presque de 100 %. De plus, le taux de tentatives de suicide est de 39 % !

Il est évident qu'un mécanisme d'entraînement complexe s'opère entre le TOC et la cyclothymie : d'une part, les obsessions et les compulsions s'entraînent les unes les autres dans une valse tourbillonnante et douloureuse et, d'autre part, une accélération de cette valse est induite par les oscillations cycliques chaotiques de l'humeur, l'énergie, la pensée et la psychomotricité. Par exemple, en phase dépressive, le sujet est plus vulnérable aux pensées intrusives et dans les phases hypomaniaques la vitesse des pensées est telle que tout contrôle devient impossible. Ce qui signifie que la comorbidité ne pourra pas être réduite à une simple addition de troubles, mais plutôt à une potentialisation dans le sens d'une aggravation réciproque des deux troubles. C'est comme si la formule « 1 + 1 pouvait donner 3, 4 ou même plus ». Ce modèle est compatible avec les études montrant que le TOC cyclothymique comporte un tableau clinique plus riche et complexe, des risques augmentés (suicide, hospitalisations) et nécessite souvent des traitements agressifs.

Amélie, 24 ans, a déjà consulté quatre psychiatres. Les premières crises d'anorexie sont apparues vers 19 ans. Elle est adressée pour un état complexe, grave et réfractaire ; depuis cinq mois, elle est traitée avec la dose maximale de Zoloft® associé à des sédatifs (Tercian®, Lexomil®...). Le bilan clinique réalisé dans un hôpital universitaire mettait en évidence la présence de sept troubles différents caractérisés : TOC sévère depuis l'âge de 13 ans, dépression majeure récurrente, phobie sociale sévère, trouble panique avec évitement agoraphobique, anorexie mentale incomplètement résolue, obsessions de l'apparence, personnalité assez fragile et très inhibée.

Chaque diagnostic pris à part pose l'indication d'un traitement antidépresseur sérotoninergique (ISRS). De plus, un tel assemblage de troubles est en soi un témoin clinique et comportemental d'un déficit en sérotonine. Les inhibiteurs de recapture de la sérotonine ou ISRS, dont le rôle est d'équilibrer l'activité de la sérotonine centrale, possèdent, en plus de leur effet antidépresseur, d'autres effets comme antiobsessionnel, antiboulimique, antipanique et anti-impulsif. Dans le cas d'Amélie, il a été proposé au terme du bilan d'augmenter les doses du Zoloft® ! Au lieu de s'améliorer, Amélie est devenue plus irritable, excitée, insomniaque, avec des pensées irrésistibles de mort, d'où la nécessité de fortes doses de sédatifs. Le diagnostic correct a été finalement affiné avec le repérage des indices de bipolarité, comme la présence des épisodes d'hypomanie assez courts et furtifs et des traits cyclothymiques.

Cette piste diagnostique a pu la sauver en orientant le traitement vers des médicaments plus spécifiques, dits thymorégulateurs ou stabilisateurs de l'humeur. Bien que les cliniciens ne donnent pas assez d'importance à de tels indices, il convient de leur rappeler que c'est leur présence qui permet de comprendre comment une jeune patiente peut présenter, à la fois, plus de six troubles mentaux. En d'autres termes, richesse et complexité symptomatiques riment avec bipolarité.

➤ La cooccurrence vient-elle des gènes de nos parents ?

Ce modèle m'a été inspiré par ma propre pratique avec des centaines de cas atteints de TOC bipolaire. J'ai constamment remarqué qu'il existe un double héritage familial dans ces cas, c'est-à-dire un parent avec un trouble de l'humeur et un autre avec un trouble anxieux. Parfois les troubles sont présents chez les grands-parents ou d'autres membres de la famille avec des degrés de sévérité assez variés. Par exemple, un bon nombre de parents avouent avoir présenté des phénomènes similaires (soit des traits cyclothymiques ou de TOC mineur) dans leur jeunesse mais sans avoir eu besoin de consulter.

Cette hypothèse est séduisante, car elle permet d'une part de soutenir la distinction entre les deux troubles TOC et bipolarité (modèle de discontinuité) et d'autre part la fréquente cooccurrence chez le même sujet en raison d'un double héritage familial. Pour la dynamique d'un couple, il est parfois utile qu'un sujet cyclothymique soit marié avec un autre perfectionniste ou anxieux. D'un tel assortiment va résulter un équilibre nécessaire au niveau social : un couple avec deux cyclothymiques est souvent un désastre et un couple avec deux anxieux perfectionnistes ne l'est pas nécessairement. Cependant quand les gènes du TOC et de la cyclothymie s'assemblent chez le même sujet, il en résulte, au contraire du couple parental, un réel déséquilibre et un perpétuel conflit entre les deux phénomènes impulsif/compulsif. D'ailleurs la majorité des enfants souffrant de TOC bipolaire attestent l'existence de cette dualité permanente.

Cette hypothèse mérite d'être explorée avec une recherche rigoureuse. En effet, des études génétiques modernes ont signalé que, chez les membres « sains » des familles de patients bipolaires, les seules caractéristiques étaient des niveaux élevés sur les tempéraments anxieux et cyclothymiques par rapport aux témoins. D'autre part, selon le Pr John Kelsoe de l'Université de San Diego, les données de la génétique moléculaire suggèrent l'existence des gènes pour l'anxiété et le TOC, qui seraient indépendants des gènes liés à la cyclothymie.

Quel modèle pourra nous aider à comprendre le TOC bipolaire ? Il est évident qu'il s'agit d'une condition clinique souvent complexe, parfois invalidante. Mais, plusieurs interrogations restent en suspens : comment accepter le mélange paradoxal et mystérieux de l'impulsivité et de la compulsivité ? Existe-t-il d'autres pistes de réflexion, comme celle des dépressions bipolaires mixtes ? Enfin, si la comorbidité est un témoin de la globalité de la personne souffrante, quelle place devrait-on consacrer aux terrains ou aux tempéraments affectifs ?

Comprendre le TOC à travers la bipolarité

➤ Le TOC serait-il une variante de la dépression bipolaire mixte ?

Une des caractéristiques cliniques de la bipolarité est la survenue des « états mixtes » qui sont des épisodes comportant simultanément des symptômes de polarité opposée, dépressifs et (hypo)maniaques, un genre de fusion complète entre ces deux phénomènes. Globalement, on distingue les « manies mixtes » (par exemple état d'excitation maniaque avec des idées prédominantes de nature triste) et les « dépressions mixtes » (un état mélancolique comprenant à la fois de l'irritabilité, de la violence ou des pensées rapides). En admettant cette configuration mixte de la bipolarité, on peut mieux saisir le mélange paradoxal de lenteur et d'impulsivité, observé dans le TOC. Et là se pose la question : le TOC serait-il un état mixte, et précisément une variante des états dépressifs mixtes ?

Judith, 30 ans, est une grande malade, dans le sens historique du mot. Elle-même pense qu'elle est une vraie folle.

Voilà un exemple des moments pénibles qu'elle peut vivre :

> « Après quatre nuits consécutives terribles extrêmement agitées, impossibilité de trouver le sommeil, un besoin de marcher sans se reposer, des cris violents, des pleurs, des gémissements. Il était impossible de me calmer. À la moindre intrusion des autres, je menaçais de me suicider. Je l'ai déjà fait à plusieurs reprises. Je ne peux chasser les souvenirs de l'école où j'étais une tête de turc. Des professeurs prétentieux et des élèves diaboliques qui m'ont harcelée moralement en permanence. J'étais la meilleure et il fallait que je succombe à leurs manœuvres pour libérer la place de

première de la classe. Pareil, pour les soignants de l'hôpital où j'étais admise, il y a des années. Je veux les punir tous. Dans ma tête, il y a une foule de pensées, d'images et de scénarios. Il faut les punir tous ! les médecins incompétents, les infirmières méchantes, le personnel indifférent à ma douleur ou simplement méprisant... Ils me prenaient pour une schizophrène et me gavaient de neuroleptiques pour calmer mon délire. Mais je sais que ce n'est pas un délire. Je suis consciente de chaque détail dans ma tête et autour de moi. Qui peut me comprendre ? Parfois, je sens que ma tête va éclater ; c'est tellement fort, que je n'arrive plus à parler correctement ou mener au bout une simple idée en faisant une phrase explicite. Une fois, j'ai proposé à ma famille le suicide collectif. Je veux mourir, mais je ne supporte pas l'idée de ne plus voir mes parents, ou de les rendre tristes. C'est mieux qu'on quitte ensemble cette misérable souffrance. Eux aussi ne peuvent plus supporter mon état, un véritable enfer. Je les assomme de questions parfois stupides. Petite, je rêvais de devenir médecin ou chirurgien. Pour me rassurer, j'ai passé toute la journée à me répéter cette stupide question des milliers de fois : "Si je me soigne au lithium, aurai-je la permission d'opérer ?" Je crois que ma mère allait devenir hystérique. Ma vie est un enfer. Je vais me suicider ! »

Selon le professeur Koukopoulos, grand expert des troubles bipolaires travaillant à Rome, la meilleure définition des « dépressions mixtes » serait la présence au sein d'un épisode dépressif d'au moins deux des manifestations suivantes :

- agitation motrice ;
- agitation psychique ou tension interne excessive ;
- pensées rapides (« *racing thoughts* ») ;
- pensées embouteillées ou encombrées (« *crowded thoughts* »).

Ces éléments sémiologiques dénotent en fait l'existence d'une énergie mentale et émotionnelle excessive, donc un phénomène d'excitation maniaque et non dépressif. Dans la dépression mixte, le sujet se plaint de la vitesse de sa pensée et non de son contenu. Il la décrit comme une « vraie torture », comme un tourbillon, une tempête ravageuse, une rivière enragée qui casse les barrages, une spirale dans laquelle il se trouve piégé. En écoutant ces patients, on est souvent frappé par l'expression dramatique de leur souffrance.

Le TOC pourrait-il être conçu comme un état mixte ? Probablement oui si l'on considère l'humeur souvent dépressive avec un jaillissement des idées comme dans les pensées hypomaniaques. Les obsessions seront rapprochées des pensées encombrées typiques de la dépression mixte. Les comportements ritualisés intarissables du TOC peuvent également être inclus dans le registre d'une hyperactivité énergétique, donc un phénomène d'excitation mentale, proche de l'hypomanie. De plus, un grand nombre de patients obsessionnels présentent un état d'agitation psychique (ou physique) intense avec des signes d'impulsivité et de colère.

Dans la pratique, les patients présentant une dépression mixte risquent d'être traités comme des dépressifs classiques et recevoir des antidépresseurs. Sans couverture de neuroleptiques ou de stabilisateurs, on observe rapidement une intensification et une accélération des signes de la dépression. Le patient est tellement exaspéré qu'il peut attenter à ses jours. Selon le professeur Koukopoulos, les impulsions suicidaires induites par les antidépresseurs sont souvent liées à des phénomènes d'accélération cognitive avec aggravation de l'agitation. C'est essentiellement un phénomène bipolaire mal diagnostiqué et aggravé par les antidépresseurs. Dans le TOC bipolaire, on assiste à des complications similaires induites par les médicaments à visée anti-TOC.

Dans d'autres occasions, cette configuration clinique risque de mettre en doute l'authenticité de la dépression et d'induire à tort des diagnostics de névrose hystérique ou de personnalité type borderline ou état limite.

Découvrons ensemble l'histoire de Vincent qui nous envoie un courrier :

> « J'ai des obsessions sévères à thème sexuel ou agressif avec des rituels depuis dix-sept ans et des troubles depuis une quinzaine d'années. Je n'ai jamais accepté le fait d'être malade. J'ai toujours refusé d'aller voir un psychiatre car je voulais m'en sortir tout seul. Jusqu'au jour où la maladie ne me permettait plus de vivre et où j'ai demandé à mes parents d'aller voir un psychiatre (dix ans après)… En plus des tocs, j'ai une pathologie qui s'est rajoutée depuis que j'ai décidé d'aller voir un psychiatre, et celle-ci est très difficile à soigner. En fait, je me fais du mal. Je m'explique : depuis que je me suis fait hospitaliser en hôpital psychiatrique, paradoxalement, mon moral a été moins bon. Et ne sachant quoi faire de mes journées en réfléchissant incessamment à mes problèmes, en les ressassant, j'ai progressivement été atteint de dépression à un stade assez développé. À l'hôpital, je me frappais le bras pour me casser le poignet, ou alors je me faisais des égratignures aux avant-bras, tout cela pour me faire du mal, pour me faire souffrir. Je souhaitais subir une intervention chirurgicale avec 300 points de suture sur le bras gauche !
>
> « Mon médecin nomme cette maladie "borderline", c'est un trouble de la personnalité qui se manifeste par une alternance de phases d'euphorie et de dépression et qui se solde par des coups de grosse déprime suivis d'actes autoagressifs souvent graves. […] Ni moi ni personne ne savons pourquoi je me détruis ainsi. Je ne me rends pas compte de ce que je me fais. Pendant ces moments, je suis comme dans un état second. Le gros problème de cet état "borderline" est qu'il n'est pas facile à soigner. De là découle aussi une grande difficulté à m'intégrer à la vie de tous les jours. »

Critères de la personnalité borderline
(selon le DSM-IV, 1994)

Mode général d'instabilité des relations interpersonnelles, de l'image de soi et des affects avec une impulsivité marquée, qui apparaît au début de l'âge adulte et est présent dans des contextes divers, comme en témoignent au moins cinq des manifestations suivantes :

1. efforts effrénés pour éviter les abandons réels ou imaginés (N.B. ne pas inclure les comportements suicidaires ou les automutilations énumérés dans le critère 5) ;
2. mode de relations interpersonnelles instables et intenses caractérisées par l'alternance entre des positions extrêmes d'idéalisation excessive et de dévalorisation ;
3. perturbation de l'identité : instabilité marquée et persistante de l'image ou de la notion de soi ;
4. impulsivité dans au moins deux domaines potentiellement dommageables pour le sujet (par exemple, dépenses, sexualité, toxicomanie, conduite automobile dangereuse, crises de boulimie) ;
5. répétition de comportements, de gestes de menaces suicidaires ou d'automutilations ;
6. instabilité affective due à une réactivité marquée de l'humeur (par exemple, dysphorie épisodique intense, irritabilité ou anxiété durant habituellement quelques heures et rarement plus de quelques jours) ;
7. sentiments chroniques de vide ;
8. colères intenses et inappropriées ou difficultés à contrôler sa colère (par exemple, fréquentes manifestations de mauvaise humeur, colère constante ou bagarres répétées) ;
9. survenue transitoire dans des situations de stress d'une idéation persécutoire ou de symptômes dissociatifs sévères.

Un nombre non négligeable de cyclothymiques reçoivent le diagnostic de trouble de la personnalité. Le diagnostic de BPD (« *Borderline Personality Disorder* ») a connu un énorme succès dans la psychiatrie contemporaine notamment aux États-Unis. (Les critères sont listés dans l'encadré ci-contre.) Sans nier la présence d'un tel trouble sévère de la personnalité, il apparaît que, dans la majorité de cas jugés borderline, le diagnostic est porté sans qu'on se soit donné la peine de rechercher des éléments subtils de cyclothymie. Ceci est important à considérer, car en présence de cyclothymie au sein des troubles bipolaires atténués, la probabilité de retrouver un diagnostic de borderline est d'environ 70 %.

➤ *La connexion bipolaire des troubles apparentés aux TOC*

Certains troubles ont en commun avec le TOC l'intrusion, la répétition, l'absurdité, l'absence de plaisir, la lutte, les sentiments de honte et le besoin de dissimulation. C'est le cas pour l'anorexie mentale, la dysmorphophobie (obsession de l'apparence), l'hypocondrie, la kleptomanie, les achats compulsifs pathologiques, la trichotillomanie, le syndrome de Gilles de la Tourette (tics complexes), la boulimie, le workaholisme (addiction au travail), le jeu pathologique, la pyromanie, les paraphilies ou conduites sexuelles compulsives (exhibitionnisme, fétichisme, frotteurisme, pédophilie, voyeurisme, transvestisme fétichiste…) et la personnalité borderline (état limite).

Prenons en détail deux exemples, le trouble dysmorphie corporelle et les addictions.

TOC et trouble dysmorphie corporelle

Dans le spectre des troubles apparentés au TOC, le trouble dysmorphie corporelle (en anglais « BDD ») est certainement le plus proche du TOC. Ce trouble est défini par des préoccupations répétitives et intenses concernant un défaut imaginaire de l'apparence physique qui sont responsables d'une souffrance cliniquement significative ou d'une altération du fonctionnement social ou professionnel. Pour l'instant, on connaît peu de chose sur ce trouble. Les sujets qui en souffrent dissimulent cette souffrance autant que leur défaut physique. Une des caractéristiques du BDD consiste en rituels du camouflage et achats excessifs de produits pour les soins corporels. Pour observer le BDD, il convient de recruter les patients dans les services de chirurgie plastique, de dermatologie, les instituts de beauté et les parapharmacies... Selon Katharina Phillips, l'experte internationale de ce sujet et auteur d'un ouvrage sublime, *Broken Mirror* (ou « Miroir brisé »), le BDD est un trouble plus dépressogène et suicidaire que le TOC. C'est comme le TOC cyclothymique qui se démarque par rapport au TOC classique par plus de récurrence dépressive et un risque suicidaire plus élevé. Une autre différence se retrouve au niveau des phénomènes du doute qui sont moins évidents dans le BDD et remplacés par des idées surestimées et, dans certains cas, par des convictions subdélirantes.

Julie, une jeune adolescente de 16 ans, est reconnue par son psychiatre comme étant obsessionnelle et dysmorphophobique, elle est obsédée par son apparence. Pour appuyer son diagnostic, le psychiatre retient le fait que Julie peut passer cinq heures par jour ou plus à se maquiller. Elle s'habille de manière provocante et se regarde trop. Curieusement, aucune mention d'hystérie ! En fonction de ce diagnostic, le traitement instauré a été, comme il se doit, un ISRS, le Prozac®. Malgré les renseignements rapportés par la mère sur les nombreux cas de suicide dans la famille (arrière-grand-mère, grand-oncle, deux oncles maternels et une tante maternelle), la décision d'instaurer l'ISRS est maintenue. Juste après quelques prises de l'ISRS, Julie fait une tentative de suicide. La mère a signalé cette tentative, mais le psychiatre décide d'augmenter les doses en argumentant que la dose initiale était faible. Il a finalement changé l'ISRS par un autre, réputé être plus sédatif. Julie est encore plus provocante que d'habitude. Dans son histoire, on retrouve une enfant décrite par la mère comme « une nature plutôt triste et hyperémotive » (deux critères de cyclothymie). La mère indique qu'elle-même est totalement hyperémotive, à fleur de peau. Julie a tendance à tomber très facilement amoureuse (autre critère de cyclothymie). Vu la résistance au traitement ambulatoire, le psychiatre propose à la famille d'envoyer Julie dans un centre spécialisé dans la prise en charge de l'anorexie mentale. Quelle incohérence ! En attendant, elle est toujours sous antidépresseur sans aucune couverture de stabilisateur de l'humeur. La mère est convaincue que sa fille est bipolaire. Elle admet le diagnostic de cyclothymie et cherche désespérément un spécialiste dans sa ville pour sauver sa fille.

Voilà un autre cas dont le destin s'annonce d'emblée assez hasardeux, en l'absence de diagnostic correct et d'un traitement potentiellement inducteur de complications, une tentative de suicide suite à quelques prises d'un ISRS et l'aggravation de l'irritabilité avec un autre ISRS. Dans mon expérience clinique, la majorité des cas de TOC avec BDD se révèlent de nature cyclothymique.

TOC et addictions : quelles similitudes ?

L'addiction vient du vieux français signifiant « *contrainte par corps* ». Elle reste pour l'instant une entité mal définie bien qu'elle regroupe un ensemble de troubles et de conduites divers dont l'unité clinique se caractérise par une évolution du désir vers le besoin compulsif, de l'usage vers le « mésusage » et la perte de contrôle. L'addiction rime ainsi avec abus et dépendance. Actuellement, l'entité « addiction » concerne autant les addictions chimiques impliquant l'abus de substances psychoactives, alcool et autres, et les addictions comportementales ou « sans drogue ». Parmi celles-ci on trouve :

- le jeu, « trouble jeu pathologique » ;
- les achats, « trouble achats compulsifs » ;
- la nourriture « boulimie » et « frénésies alimentaires » ;
- la sexualité « paraphilies » qui incluent les conduites sexuelles compulsives ainsi que les conduites déviantes comme la pédophilie, le voyeurisme, le fétichisme et l'exhibitionnisme ;
- le travail, « workaholisme » ;
- le corps, « trichotillomanie » ou arrachage compulsif des cheveux, « onychophagie » ou rongement compulsif des ongles, grattage compulsif du corps… ;
- et récemment Internet, les *web addicts*.

Classiquement on approchait les addictions comme des équivalents dépressifs. Tout processus de régulation de l'estime de soi induit un phénomène addictif (compulsions sexuelles, jeu pathologique, dépenses excessives, exercices physiques…). Dans les addictions physiologiques, on retrouve la dimension du plaisir, tandis que, dans la dépression, les addictions pathologiques représentent une lutte permanente contre la douleur psychique et la tristesse, une sorte de besoin obsédant de se déconnecter du vécu dépressif douloureux. Dans ce sens, les addictions se caractérisent plutôt par un aspect obsédant et une contrainte compulsive. Ainsi, dans la définition moderne de l'addiction, on s'intéresse aux aspects psychologiques, notamment le « *craving* » ou désir compulsif et incontrôlable d'une substance ou d'un comportement. Donc, les dimensions de contrainte, du besoin irrésistible et compulsif et de perte de contrôle (impulsivité) sont à la base de l'addiction. Ces dimensions persistent même dans les phases d'abstinence prolongée et sont désignées comme un facteur principal de vulnérabilité aux rechutes.

Les phénomènes d'attirance vers une substance ou un comportement sont souvent couplés alternativement ou simultanément à des phénomènes de répulsion et d'évitement compulsifs. Ainsi, beaucoup de sujets victimes d'addictions vont être en abstinence « apparente » chronique mais avec un état dysphorique persistant, et un niveau élevé de résistance et de lutte anxieuse contre la rechute. Là se pose un piège : considérer le « *craving* » comme un TOC ou une dysphorie chronique sans rechercher une connexion bipolaire associée aux addictions. En effet, le mélange de contrainte et d'impulsivité évoque la cyclothymie et les dépressions mixtes. Des études récentes consacrées aux addictions chimiques et « sans drogue » suggèrent leur appartenance au spectre bipolaire. Cette nouvelle approche des addictions est importante, car elle transforme radicalement les critères de jugement des traitements des addictions.

Certaines addictions comportementales (sans drogue), comme le jeu pathologique, la boulimie, la trichotillomanie, la kleptomanie, les achats compulsifs, montrent des similitudes avec les phénomènes obsessionnels compulsifs (contrainte compulsive) et bipolaires (colère impulsive et prise de risque). Parmi ces addictions, la boulimie est sans doute la plus connue.

➤ *Le regroupement des troubles en superfamilles*

La tendance actuelle va vers la classification spectrale des troubles, comme si on rangeait différentes catégories diagnostiques dans des superfamilles ou mégafamilles. Par exemple, en ce qui concerne les troubles connectés à la dépression et à un dysfonctionnement de l'activité de la sérotonine, le regroupement spectral peut se faire selon deux pôles :
• Un pôle marqué par un « excès de sérotonine » et corrélé à la dominance de la compulsivité avec un vécu de contrainte, un niveau élevé de résistance, un évitement régulier du risque, une minimisation de la menace, et trop de conventionalité. Dans ce pôle, on peut ranger l'anorexie mentale, l'hypocondrie et la dysmorphophobie.
• Un autre pôle lié au « déficit en sérotonine » avec dominance de l'impulsivité, la recherche permanente de l'action, la prise de risque et l'expérience du plaisir et des sensations fortes. Dans ce pôle, on peut inclure la personnalité borderline, les paraphilies, le jeu pathologique et la pyromanie.
• Et un groupe intermédiaire regroupant la boulimie, la kleptomanie, les achats pathologiques, le syndrome de Gilles de la Tourette, la trichotillomanie...

Dans les deux dimensions compulsive et impulsive, on retrouve quand même en commun : les sensations d'urgence, le sens de non-contrôle, l'hostilité et l'inadaptation du comportement par rapport au contexte. Cependant ce spectre à double polarité « impulsive-compulsive » reste quand même incomplet si l'on ne tient pas compte de la double polarité thymique (tableau).

	Pôle Compulsif	Intermédiaire	Pôle Impulsif
Phénoménologie			
– Préoccupations obsédantes	+++	++	0
– Évitement du risque	+++	+	0
– Résistance/lutte	+++	++	0
– Répétitions compulsives	+++	+++	+++
– Non-contrôlabilité	+++	+++	+++
– Expérience du plaisir	0	++	+++
Troubles caractérisés (DSM-IV) ou diagnostics classiques	TOC, AM, DYS, HYP	KLP, ACP, TRC, SGT, BOL, WAL	JP, PYR, PAR, PBL
Polarité de l'humeur	Dépressive (unipolaire)	Mixte	Maniaque (bipolaire)
Traitement principal	ISRS (± TR)	ISRS (±TR)	TR (± IRS, ± NL)
Neurotransmetteurs	Sérotonine		GABA, Dopamine Sérotonine

TOC : trouble obsessionnel-compulsif ; AM = anorexie mentale ; DYS : dysmorphophobie ; HYP : hypocondrie ; KLP ; kleptomanie ; ACP : achats compulsifs pathologiques ; TRC : trichotillomanie ; SGT : syndrome de Gilles de la Tourette ; BOL : boulimie ; JP ; WAL : workaholisme ; jeu pathologique ; PYR : pyromanie ; PAR : paraphilies ; PBL : personnalité borderline.
ISRS = inhibiteur sélectif de recapture de sérotonine ; TR = thymorégulateur ; NL = neuroleptique.

La clinique des tempéraments

Du tempérament « sanguin » de Mlle F. (fameux cas d'Esquirol), en passant par « la pétroleuse » (cas de Kahn), et les dizaines de cas rapportés dans cet ouvrage (« lumineuse », « brillante »…), se dégage une facette clinique constante et pertinente pour comprendre la connexion complexe de certains troubles. Cette facette concerne la constitution émotionnelle et affective des sujets. Elle a fait l'objet d'une grande attention dans la psychiatrie française, notamment dans les années 1920-1930. La psychiatrie allemande a également offert à cette facette ses lettres de noblesse à travers les écrits de Kraepelin, Schneider et Kretschmer, qui ont développé la notion des « prédispositions personnelles » dans une ligne de continuité avec les troubles majeurs de l'humeur. Dans la période contemporaine, l'approche tempéramentale s'est largement développée depuis les travaux princeps d'Akiskal aux États-Unis et dans certains pays, notamment la France et l'Italie. L'objectif de départ était de cerner la place des tempéraments affectifs dans la nosologie moderne du spectre bipolaire et, par la suite, l'influence des tempéraments dans d'autres troubles comme l'anxiété, l'abus de substances, les addictions, les troubles de contrôle des impulsions…

➤ Les tempéraments affectifs

Actuellement, on compte quatre types de tempéraments affectifs. Akiskal et Mallya ont dressé, en 1987, les critères empiriques pour les définir. À partir de ces critères, de nombreux questionnaires et échelles ont été élaborés pour les évaluer.

Le tempérament hyperthymique

C'est le tempérament des VIP, des gagneurs, des battants... Ces sujets sont rarement vus en consultation psychiatrique. Pour ces raisons, ce tempérament n'a pas reçu autant d'intérêt que le tempérament cyclothymique dans la recherche psychiatrique. Ce genre de tempérament se rencontre fréquemment chez les P-DG, les patients « VIP »... Ce tempérament correspond à des traits stables d'extraversion, d'énergie excessive, de chaleur et de combativité. Les sujets sont décrits comme chaleureux, gais (parfois irritables), bavards, avides de contacts sociaux, optimistes, exubérants, vantards, trop confiants en eux, assurés, pleins de projets, vigoureux, entreprenants, non conformistes, indépendants, désinhibés, intrusifs, se mêlant de tout, avides de sensations et dormant peu. On comprend pourquoi ce tempérament sévit chez les sujets qui se trouvent au sommet des hiérarchies. Les traits sont hautement adaptatifs dans les sociétés favorisant et récompensant le succès, la réussite sociale et hiérarchique, la compétition, l'accès au pouvoir. Ces traits sont socialement désirables. Malgré l'intensité et le caractère pressant de ce tempérament, les sujets compensent par leur générosité, ce qui les rend assez populaires !

Cependant, tout n'est pas positif et lumineux dans l'hyperthymie. Les troubles du jugement social, l'activité sexuelle débordante et les problèmes financiers contribuent à assombrir la luminosité de ce tempérament, en blessant les proches et en altérant la santé du sujet. L'absence d'insight et l'hypertrophie du déni limitent de manière sensible l'accès aux soins et la demande d'aide en psychiatrie, même si leurs comportements et décisions ont déjà induit des désastres personnels. Quand un épisode dépressif se greffe sur le tempérament hyperthymique, le sujet peut complètement nier ou ne pas réaliser qu'il est dépressif. Ces sujets ne savent pas ruminer leur souffrance ou détresse. En revanche, ils sont des champions de l'action, des vrais obsédés de la gloire et du succès, des acharnés au travail ou des dépendants au sport, au sexe ou aux jeux. Comme ce tempérament est naturellement plus fréquent chez les hommes, on peut comprendre pourquoi la dépression masculine est souvent « masquée ».

Les sujets hyperthymiques sont surtout visibles dans nos cabinets quand ils dépriment sans le savoir. Ils se plaignent d'une mauvaise qualité de sommeil et d'une réduction de leur forme physique qui paralyse le respect des agendas hyperchargés. Dans la conception dynamique classique, on parle de dynamisme artificiel (ou de surface) compensateur contre des sentiments profonds d'insécurité ou de tendances dépressives archaïques. Des affinités paradoxales existent entre l'hyperthymie et la mélancolie. Le mélange produit fréquemment des états dépressifs mixtes (fatigue, sommeil difficile, anxiété matinale intense, mais sans tristesse ni ralentissement).

Le tempérament dépressif

Le tempérament dépressif est caractérisé par une dominance des traits dépressifs subcliniques et permanents, comme :

- triste, sans humour, sombre, incapable de s'amuser, lugubre ;
- pessimiste, sceptique, hypercritique, plaintif, préoccupé par l'échec ou les insuffisances, autocritique, amer, se dénigrant ;
- asservi à la routine, silencieux, taciturne, timide, sensible au rejet ;
- dévoué à autrui, suiveur, conformiste, consciencieux, discipliné, perfectionniste ;
- gros dormeur.

La rencontre avec des sujets qui ont souffert de très longues dépressions, certains dès la puberté, a inspiré à l'équipe d'Akiskal à Memphis l'élaboration des critères pour décrire le tempérament dépressif. On parle de tempérament, car ces sujets n'ont jamais manifesté de grosses dépressions, mais se plaignent d'un état émotionnel négatif permanent ancré dans leur nature. Dans les années 1970-1980, ces patients étaient les meilleurs candidats pour le « divan » des psychanalystes. Quand ce tempérament est associé à des épisodes dépressifs majeurs, on parle de « double dépression ». Des traits du tempérament dépressif sont fréquemment observés chez les personnes souffrant du TOC. Cependant, ces traits sont souvent associés à d'autres traits décrivant un autre type de tempérament, la cyclothymie.

Le tempérament cyclothymique ou biphasique

C'est probablement le tempérament le plus étudié en psychiatrie (*cf.* chapitre 3), car celui qui comporte le plus d'implications dans le spectre bipolaire ainsi que dans la connexion anxiobipolaire. Nous avons constaté dans l'enquête ABC-TOC que la moitié des TOC présentaient des traits cyclothymiques. Le tempérament cyclothymique se caractérise par une instabilité émotionnelle persistante avec des alternances rapides et cycliques entre deux pôles, comme entre léthargie-eutonie, pessimisme-optimisme, ruminations-insouciance, confusion-pensée pointue et pensée créative, autodépréciation-mégalomanie, introversion-désinhibition sociale, hypersomnie-insomnie, productivité irrégulière.

Quand ces sujets consultent, le motif est rarement en rapport avec des tableaux cliniques connus. Souvent la plainte concerne des problèmes relationnels, des conflits conjugaux ou professionnels, des conduites instables et erratiques…

La conception du tempérament cyclothymique a reçu pas mal de critiques en raison de l'extrême instabilité des manifestations cliniques qui induisait une faible fiabilité diagnostique. Mais les experts oublient une chose fondamentale. C'est cette extrême instabilité qui est le meilleur témoin du noyau dur de la cyclothymie. Ainsi, quand je rencontre un patient ayant présenté des attaques de panique, suivies par des troubles des conduites alimentaires, puis par un TOC avec des épisodes dépressifs entre lesquels on constate des traits de personnalité dépendante et hystérique... pour moi, c'est clair, c'est de la cyclothymie. Ce tempérament agit en intensifiant la réactivité émotionnelle du sujet, sa sensibilité au rejet et aux contraintes mineures de l'extérieur. Il augmente ainsi l'intensité et la durée des réactions émotionnelles négatives. Cette hyperréactivité est déjà visible dès l'enfance.

Dans le territoire de la cyclothymie, on peut schématiquement séparer les sujets cyclothymiques irritables et les cyclothymiques anxieux et dépendants. Si la cyclothymie agit en intensifiant ces traits associés, un observateur externe ne va retenir que l'aspect masquant de l'irritabilité ou de l'anxiété. Ainsi un observateur profane aura toutes les difficultés pour aboutir au diagnostic de cyclothymie, d'autant que les sujets se plaignent essentiellement des séquelles interpersonnelles de leur tempérament.

Le tempérament irritable

Il est défini par une humeur labile, changeante, associée à des crises de colère et une tendance à l'impulsivité, une agitation dysphorique, un humour pathologique (mordant-piquant), une tendance à ruminer et à broyer du noir, et surtout des problèmes interpersonnels... Les sujets présentant ce tempérament souffrent de nombreuses difficultés relationnelles. Quand des traits cyclothymiques sont associés au tempérament irritable, il est fréquent de faire la confusion avec le diagnostic de personnalité borderline. Peu d'études prospectives ont été consacrées à ce tempérament. On attend donc d'en savoir plus sur la valeur et la place de ce tempérament, notamment au sein des dépressions hostiles et/ou mixtes, ainsi que des TOC bipolaires.

➤ *Le tempérament influence le TOC*

Voici des exemples montrant comment le tempérament imprime son cachet sur le TOC. Comme dans la dépression, le tempérament influence le tableau clinique du TOC. Il l'enrichit, module la réactivité aux traitements ainsi que l'adhésion au protocole des soins. On a vu dans le chapitre 4 comment la cyclothymie influence le TOC en amplifiant la quantité de symptômes, en exagérant la sévérité et la comorbidité et surtout en étant responsable de nombreuses complications avec les traitements. Voyons des exemples de TOC avec les autres tempéraments

Daniel a une énergie excessive à exploiter,
il est hyperthymique

Daniel, 42 ans, homme d'affaires bien confirmé, envoie un courrier suite à un entretien téléphonique me suppliant de le prendre assez vite en consultation.

« Cher Docteur, je vous confirme mon intérêt pour un traitement spécifique concernant des troubles psychologiques dont je souffre. Voici mon histoire en quelques phrases. Après quelques petits

ennuis pendant la préadolescence, ces troubles ont réellement commencé en 1980, à l'âge de 20 ans, et la souffrance qu'ils engendrent m'est de plus en plus intolérable. Ils se manifestent par des angoisses obsessionnelles et par des obligations ritualisées que je réalise pour me calmer : parler tout seul, affirmer que telle chose qui m'angoisse ne va jamais se produire, m'interdire de faire telle activité agréable pour faire à la place un rituel pour chasser l'angoisse...
J'ai suivi trois psychothérapies qui m'ont fait plus ou moins progresser, mais qui n'ont pas résolu ces problèmes qui deviennent toxiques dans ma vie de tous les jours. En plus de ces problèmes, j'ai très peur de refaire une nouvelle dépression. Il y a six ans, j'ai présenté une grave dépression et mis environ six mois pour m'en sortir. Au stade actuel, je ne peux pas subir une récidive, je serais foutu. J'ai la volonté d'entamer un traitement efficace. Je suis également prêt à commencer une thérapie comportementale. »

Lors de l'examen, les phénomènes obsessionnels s'avèrent être liés à des pensées magiques où Daniel croit qu'il pourrait induire des catastrophes qui toucheraient ses proches, juste en y pensant. D'autres phénomènes sont révélés comme des crises de colère alternant avec des attaques de panique, quelques phobies et des périodes de frénésie alimentaire. Ces phénomènes ont précédé le début du TOC, signalés avant l'âge de 15 ans.

Le tempérament est typiquement hyperthymique : charmant, vif, entreprenant, énergique, sociable... Dans la famille, la mère est maniaque de propreté et de rangement et le père, probablement cyclothymiqe, s'est suicidé à 45 ans ; son frère aîné s'est jeté du haut de la tour Eiffel. Sur le questionnaire d'hypomanie, il coche en positif 15 items sur les 20 et sur le questionnaire du tempérament hyperthymique, il obtient une note de 14 sur 21. Le traitement est prescrit en fonction de la bipolarité (trouble BP-II), il combinait la Dépamide® et le Zoloft®.

Depuis cinq ans, avec un suivi au rythme d'une visite tous les deux mois, il a appliqué à la lettre les consignes pour les exercices de TCC et observé correctement ses médicaments. Il est actuellement presque guéri de ses tortures mentales et ne garde que quelques moments furtifs où il réalise qu'une pensée « méchante » a traversé son esprit ou qu'il s'est attardé quelques instants pour vérifier ou répéter. Voilà, un exemple où le tempérament a joué un rôle favorable dans la détermination et la persévérance du patient pour en finir avec son TOC. L'hyperthymie, en raison de la stabilité et l'activité hyperénergétique, peut garantir ce mode d'adhésion et d'évolution favorable. Parfois, pour les mêmes raisons, ce tempérament peut agir dans une direction négative avec une opposition farouche et entêtée contre les consignes de TCC ou la prise de médicaments.

Nicolas a mauvais caractère, il est dépressif

Nicolas, 40 ans, est VRP, il consulte car un collègue de travail lui a signalé son inquiétude à son sujet et sa suspicion d'un trouble probablement dépressif nécessitant un traitement biologique.

L'histoire de Nicolas commence probablement dans son enfance. Il est incapable de préciser depuis quand il va mal. Voilà comment il se décrit lui-même : « Chiant, je me sens assez inintéressant, mal dans ma peau, jamais content, insatisfait permanent. »

Voilà, comment son épouse décrit les problèmes : « Il a perdu totalement le sens de l'humour, il manque de diplomatie, est désagréable avec les gens, ne supporte pas la maladie, il manque de confiance en lui, est stressé par les horaires de sommeil, il refuse totalement de vieillir et ne sait pas ce qu'il faut faire pour être heureux... »

Nicolas souhaiterait pouvoir :

- apprendre à parler avec respect et sans hurler à sa femme et ses enfants ;
- prendre conscience de son agressivité et de ses crises de colère ;
- ne plus rejeter ses propres fautes sur les autres (notamment sa femme qui n'est pas obligée de subir).

Dans sa famille, sa mère et ses trois sœurs sont dépressives, et probablement aussi ses deux filles, âgées de 7 et 14 ans.

L'entretien avec Nicolas met en évidence un TOC sévère avec des manies de grattage et d'arrachage des poils au niveau des cuisses (son psychiatre évoque des automutilations) avec un tempérament dépressif associé à des traits d'irritabilité et d'hostilité, et des crises de colère violentes.

Je n'ai pas réussi à trouver des épisodes dépressifs majeurs, ni des hypomanies, ni des traits de cyclothymie. C'est un cas de TOC greffé sur une prédisposition dépressive et irritable permanente. Nicolas a déjà vu plusieurs médecins, dont le dernier qui le suit depuis plus de deux ans avec une psychothérapie « classique » et des traitements essentiellement sédatifs prescrits à de petites doses. Ce cas est proche de l'entité BP-III de « double dépression ». Encore un cas typique où une anxiété bipolaire est confondue avec un « mauvais » caractère.

Ne jamais juger Olivier, il est irritable

Olivier, 35 ans a une obsession intenable sur son identité sexuelle. Est-ce qu'il est homo, hétéro ou bisexuel ? Telle est la question qui hante son esprit depuis des années.

Alors, pour calmer ses doutes, il est pris par des impulsions ritualisées, comme se rendre tous les jours dans les hammams réservés aux hommes. À côté de ce problème, on note d'autres symptômes typiques du TOC accompagnant les obsessions sexuelles, comme des vérifications, des rangements, une tendance à l'amassage. Je cite cet exemple, pour souligner un autre aspect du tempérament d'Olivier. Il est de nature irritable, mal dans sa peau, prêt à exploser à la moindre contrariété. Son ex-amie le décrit comme quelqu'un de très jaloux, cynique, excessivement critique et surtout d'un humour sombre et blessant. Il avoue que cette nature lui a causé pas mal de conflits avec les autres et n'arrange en rien ses obsessions. Car toute tentative de nouer une relation, avec une femme ou un homme, est handicapée par cette nature irritable. De même, la relation du patient avec les thérapeutes n'a pas été fameuse : constamment cynique, méfiant avec des remarques acerbes et mettant en question de façon permanente l'utilité des solutions thérapeutiques proposées. Ainsi il a déjà consulté au moins six thérapeutes. Averti de la nature de son tempérament, je faisais attention de ne pas le juger, mais de le soigner dans une approche « médicale ». En effet, le piège dans ce cas serait de porter un jugement moral ou faire un contre-transfert pouvant compromettre l'approche thérapeutique. Le traitement à fortes doses de Prozac® a pu calmer les sentiments d'hostilité ainsi que l'intensité de son TOC.

La recherche des tempéraments comporte de nombreuses implications diagnostiques et thérapeutiques. Concernant le cas de Nicolas, la connaissance de la nature dépressive et irritable de son tempérament a guidé le choix vers un traitement sélectif et ciblé et surtout permis d'éviter le piège classique de juger ce genre de patients au lieu de les soigner. Grâce à son hyperthymie et sa volonté de s'en sortir, Daniel a complètement adhéré aux consignes thérapeutiques et réussi à contrôler convenablement son TOC. C'est l'exemple de l'élève idéal que les enseignants souhaitent avoir dans chaque classe. Olivier, à cause de sa nature hostile et méfiante, avait du mal à donner envie aux médecins de le soigner ou aux autres de vivre avec lui. Une thérapeutique simple avec en premier temps un traitement médicamenteux a permis de réduire l'hostilité profonde, ce qui est indispensable avant d'entreprendre une thérapie comportementale ou cognitive.

Inclure le tempérament dans la prise en charge des TOC est un élément capital de l'expérience clinique. La jeune Claire n'aurait jamais pu être sauvée sans l'évaluation de son tempérament cyclothymique. De même pour la jeune Sophie chez qui l'accès à l'histoire familiale et à son tempérament cyclothymique a permis de tester un thymorégulateur anticonvulsivant. Le fait de savoir que le tempérament de Guy est hyperthymique a aidé à comprendre pourquoi il devenait fou avec une seule gélule de Prozac®, alors que c'était un mystère total pour les psychiatres qu'il a croisés dans sa carrière de TOC chronique.

➤ *Les tempéraments affectifs dans les TOC résistants*

Dans l'étude ABC-TOC, le tempérament cyclothymique a été, pour la première fois, systématiquement exploré dans une large cohorte de patients souffrant de TOC. Environ 50 % des TOC sont cyclothymiques. La cyclothymie exerce une influence significative sur le TOC, notamment sur les aspects cliniques des obsessions et compulsions, le risque suicidaire, la récurrence dépressive et la réponse aux traitements. Pour compléter la connaissance des rapports entre tempéraments et TOC, une deuxième enquête

« TOC & ROC », en collaboration avec l'Aftoc, a été mise en place en janvier 2003.

L'étude avait pour objectif de cerner la fréquence des sujets souffrant de TOC et qui se considèrent comme résistants aux traitements disponibles. La version complète de l'autoquestionnaire des quatre tempéraments affectifs a été utilisée. Il s'agit du premier travail évaluant les tempéraments affectifs dans le TOC et leur implication dans la résistance au traitement. Sur l'ensemble des dossiers envoyés aux adhérents de l'Aftoc, 345 ont été retournés. Dans cette population, 44 % des sujets se considèrent comme résistants (ROC) contre 25 % de bons répondeurs. Le groupe ROC se différenciait par une fréquence plus élevée d'admissions psychiatriques, de tentatives de suicide, du nombre de médecins consultés, et de comorbidité psychiatrique, notamment avec agoraphobie, dépression et soucis de l'apparence. Le taux d'aggravation avec les antidépresseurs était plus élevé dans le groupe ROC (21 % *vs* 10 %), ainsi que le taux de virage thymique (42 % *vs* 27 %). L'évaluation des tempéraments a révélé les résultats suivants :

- tempérament cyclothymique présent dans 63 % du groupe ROC *vs* 43 % du groupe TOC sensible au traitement (différence significative) ;
- tempérament dépressif : 72 % *vs* 53 % (différence significative) ;
- tempérament irritable : 21 % *vs* 9 % (différence significative) ;
- tempérament hyperthymique : 24 % *vs* 28 % (différence non significative).

Le profil d'un ROC se révèle donc caractérisé par une présence plus importante des trois tempéraments cyclothymique, dépressif et irritable. De cette enquête exclusive, on peut retenir que la résistance du TOC peut être mieux comprise par une meilleure connaissance du terrain affectif, où se mélangent les traits d'instabilité, la colère et la propension à la dépression. Le facteur « aggravation ou virage sous antidépresseurs » se révèle comme un des éléments clés de résistance.

Il est regrettable que les tempéraments affectifs aient si peu de place dans notre nomenclature diagnostique officielle. Selon nos hypothèses, le débat est ouvert sur le rôle des tempéraments, notamment la cyclothymie, comme des marqueurs cliniques potentiels de la condition bipolaire, puisque ceux-ci constitueraient une interface entre la prédisposition biologique et l'expression clinique des troubles de l'humeur. Ainsi, ils représentent un paradigme de recherche particulièrement intéressant en rejetant une nosographie classique, manifestement inadéquate pour la recherche biologique de ces troubles. Il existe entre les niveaux de trouble et de tempérament, des articulations profondes et intimes impliquées dans la genèse, l'expression clinique et l'évolution des troubles thymiques et anxieux. Dans cette hypothèse, les épisodes naissent d'un tempérament ou s'y greffent, et tant que la nature de celui-ci n'est pas définie et considérée, toute thérapeutique deviendrait potentiellement hasardeuse et parfois dangereuse. La piste des tempéraments apporte clairement un espoir considérable à ces patients jugés complexes, réfractaires ou irrécupérables. C'est là l'argument le plus robuste en faveur de la validité de cette nouvelle clinique. Mieux que validité, je préfère le mot « utilité ».

CHAPITRE 5

Traiter les TOC bipolaires

Le traitement du TOC

➤ *Les ISRS sont le traitement de référence*

Les traitements de la dépression et des troubles anxieux ont nettement évolué depuis l'arrivée, à la fin des années 1980, d'une nouvelle génération d'antidépresseurs. Ces molécules ont été, très vite, développées en dehors du territoire de la dépression, notamment dans les troubles anxieux avec la comorbidité anxiodépressive. Les troubles anxieux caractérisés, comme le TOC, le trouble panique, la phobie sociale et le trouble anxiété généralisée, sont mieux soignés avec les antidépresseurs qu'avec les anxiolytiques ! Déjà avec les premiers antidépresseurs découverts en 1958, l'iproniazide (Marsilid®, premier IMAO) et l'imipramine (Tofranil®, premier tricyclique), on a observé une efficacité sélective sur les attaques de panique. Dans ce contexte, le traitement du TOC est actuellement bien précisé. Les ISRS (ou antidépresseurs sélectivement actifs sur la sérotonine dont la fluoxétine, la sertraline et la paroxétine) avec la clomipramine sont, pour l'instant, les seuls médicaments approuvés en France dans le traitement du TOC. C'est la bonne tolérance des ISRS qui a permis de traiter les troubles anxieux avec les doses suffisantes, ce qui n'était pas faisable avec les antidépresseurs tricycliques. En effet, pour réduire l'intensité du TOC, on a souvent besoin de prescrire au long cours de fortes doses d'antidépresseurs sérotoninergiques, au moins sur une période de 15 à 18 mois, d'où la nécessité d'une bonne tolérance du traitement.

➤ L'impact de la comorbidité sur les effets des traitements

La comorbidité anxiodépressive n'a fait, pour l'instant, l'objet d'aucune indication officielle. L'impact de la comorbidité sur la réponse au traitement n'est pas facile à présenter. De manière générale, se dégage l'impression que la réponse au traitement conventionnel d'un trouble « A » est moins bonne quand celui-ci est comorbide avec un trouble « B ». Par exemple, pour un trouble anxieux, la réponse aux traitements conventionnels est plus faible ou plus lente à apparaître quand il est associé à une dépression. L'inverse est vrai aussi. Toutefois, les rapports publiés restent pour l'instant contradictoires. Certaines études ont révélé que l'efficacité du Prozac® est plus rapide et meilleure quand la dépression est anxieuse, hostile et impulsive, ce qui est totalement paradoxal avec l'image véhiculée d'un produit « stimulant ». D'autres études ont montré que la présence d'une anxiété associée à la dépression retarde la rémission de la dépression sous traitement. Dans la dépression associée à un TAG, l'étude de Brown qui fait référence sur le sujet a comparé deux groupes de dépressions avec ou sans TAG. Au terme de quatre mois de traitement avec un antidépresseur, le taux de rémission était de 57 % dans le groupe dépressif sans TAG contre 43 % du groupe avec TAG. L'analyse au bout de huit mois montre une différence moins nette, respectivement 62 % et 57 %. Ce résultat signifie que la présence d'une anxiété chronique associée à la dépression contribue à retarder l'obtention d'un état de rémission clinique.

▶ *La dépression associée au TOC*

Le même constat est observé dans le TOC, peu de chose est connu sur le choix thérapeutique dans le cas de comorbidité dépressive. On doit à Hoehn-Saric la seule étude, parue en 2000, ayant inclu des patients présentant conjointement un TOC et une dépression majeure. Le protocole consistait à comparer en double aveugle un ISRS, la sertraline (Zoloft®) *versus* la désipramine (Pertofran®). Ce dernier est un puissant antidépresseur tricyclique dont l'action chimique est sélectivement noradrénergique[1] et inactive sur le TOC. Les résultats ont montré un meilleur effet de la sertraline sur le TOC (ce qui était déjà attendu). Le taux de rémission dépressive était plus important dans le groupe traité par l'ISRS : 49 % contre 35 % dans le groupe désipramine. Le message à retenir de cette étude : quand la dépression est associée à un TOC, c'est ce dernier qui doit dicter le choix thérapeutique. Il ne suffit pas de soigner la dépression, il faut plutôt prendre le TOC en considération. Ce résultat expliquerait pourquoi un grand nombre de patients souffrant de TOC ont été considérés comme des « dépressions résistantes » au traitement, car tous les antidépresseurs ne sont pas efficaces sur le TOC. Si le traitement du « TOC dépressif » paraît ainsi assez simple, nous verrons comment le « TOC bipolaire » est de loin plus

---

1. Sa commercialisation a depuis été arrêtée.

complexe à soigner avec énormément de surprises et surtout des complications.

Le traitement des troubles bipolaires

Vu la complexité clinique des troubles bipolaires, le traitement doit viser plusieurs objectifs : traiter les épisodes (hypo)maniaques et dépressifs et prévenir au long cours les rechutes. Ainsi tous les psychotropes, neuroleptiques, antidépresseurs, anxiolytiques et hypnotiques, peuvent être prescrits à des stades différents de la maladie bipolaire. Les solutions médicamenteuses spécifiques pour les troubles bipolaires sont nettement moins riches que dans la dépression unipolaire. Par exemple, on compte plus de 40 antidépresseurs contre seulement 3 stabilisateurs de l'humeur : sels de lithium, carbamazépine et valpromide. Les derniers arrivés sont représentés par le divalproate (famille des thymorégulateurs anticonvulsivants), l'olanzapine et la rispéridone (famille des neuroleptiques atypiques), ils sont utilisés pour le traitement de l'épisode maniaque et/ou la prévention des rechutes.

L'eau gazeuse contenait du lithium
Une histoire m'a été rapportée récemment du secrétariat de l'Aftoc : il s'agit d'un sculpteur, victime d'obsessions impulsives, une peur répétitive de faire du mal aux autres avec des outils tranchants. Cela fait plus de vingt-huit ans qu'il souffre d'un TOC en silence et il s'exprime maintenant suite à la lecture d'un article traitant des TOC. Il voit depuis un an un psychanalyste. Dans la famille, on note un frère présentant des obsessions sexuelles et un oncle avec des tics de reniflement. Mais le curieux de l'histoire, c'est que, depuis son enfance, toute la famille buvait de l'eau gazeuse. Le père était

préparateur en pharmacie et le gaz était fait avec le lithium. La famille ne buvait que cela jusqu'au jour où le lithium a été interdit à la vente pour gazéifier les boissons car il était responsable d'intoxications rénales. Toute la famille était ainsi accro à cette boisson et le patient a présenté une grosse déprime à la suite du sevrage.

➤ *La phase maniaque*

Souvent le patient en phase maniaque est soigné en milieu hospitalier. Un accès maniaque est une urgence psychiatrique. Le traitement doit être ciblé dans un premier temps sur l'agitation, l'hyperactivité ainsi que les éléments psychotiques associés qui sont présents dans environ 50 % des cas. Les neuroleptiques (NL) représentent habituellement le traitement précoce de première intention dans les cas sévères et/ou psychotiques. Les NL typiques sont, pour l'instant, les plus prescrits (comme l'halopéridol). Récemment, les NL atypiques ou de nouvelle génération ont bénéficié d'un développement spécifique dans le traitement de l'accès maniaque (comme l'olanzapine, Zyprexa® et la rispéridone, Risperdal® qui vient de recevoir son autorisation officielle en France dans cette indication). Les thymorégulateurs antimaniaques (ou TR) comme le lithium, divalproate, carbamazépine, peuvent être l'alternative aux NL en traitement de première intention de la manie. Chez la majorité des patients hospitalisés pour une manie, on a recours à la combinaison d'un thymorégulateur et d'un neuroleptique. Des traitements adjuvants comme les benzodiazépines puissantes (clonazépam, lorazépam) et les hypnotiques, sont parfois nécessaires en phase aiguë pour calmer l'agitation anxieuse et surtout corriger les troubles du sommeil fréquemment présents en phase maniaque. Donc, la polypharmacie (c'est-à-dire la prescription de plusieurs psychotropes en même temps) est de règle. Une enquête française récente a montré qu'en moyenne le patient en phase maniaque reçoit lors du premier mois d'hospitalisation environ 5 psychotropes et 3,8 psychotropes à la sortie de l'hôpital.

Contrairement à la manie, on est rarement amené à traiter la phase hypomaniaque, car elle est de durée plus courte (1 à 4 jours).

➤ *La phase dépressive*

Les experts recommandent l'usage d'un thymorégulateur (TR) seul pour les dépressions de sévérité modérée mais ceci est rarement appliqué dans la pratique. Le schéma de prescription le plus classique est une association d'un TR avec un antidépresseur (AD). Cependant la majorité des dépressions au cours des troubles bipolaires sont soignées au début comme des unipolaires, c'est-à-dire avec des AD sans couverture de TR. L'usage d'AD nécessite donc une extrême surveillance des virages thymiques et d'éventuelles aggravations, c'est ce qui explique la nécessité d'une ordonnance bien suivie et toujours associée à un TR. Les experts recommandent d'éviter les antidépresseurs tricycliques et d'utiliser plutôt les sérotoninergiques sélectifs (ISRS), la venlafaxine ou éventuellement le bupropion[1]. Les études récentes avec la lamotrigine (Lamictal®, médicament approuvé dans le traitement de l'épilepsie) montrent une efficacité dans les phases aiguës dépressives des troubles bipolaires et une efficacité prophylactique au long cours des récidives dépressives. Mais, pour des raisons mystérieuses, l'indication de cette

---

1. Cette molécule est disponible en France avec une AMM pour la cessation tabagique sous le nom de Zyban® et non pour la dépression ; aux États-Unis, la même molécule était commercialisée comme antidépresseur sous le nom de Wellbutrin®.

molécule dans la dépression bipolaire a été rejetée à trois reprises en France.

➤ *Le traitement au long cours*

C'est probablement la partie la plus délicate et la plus importante du traitement de la bipolarité. Le traitement nécessite la poursuite du thymorégulateur (TR) instauré dans les phases aiguës, idéalement en monothérapie. Les autres psychotropes coprescrits au début du traitement seront progressivement arrêtés. Dans certains cas avec rémission partielle ou avec des rechutes sous TR, le recours à des combinaisons thérapeutiques s'impose (comme 2 TR, TR + neuroleptique ou antipsychotique, TR + antidépresseur), dont le choix sera déterminé en fonction de la nature des rechutes et du résidu symptomatique (dépressif ou hypomaniaque). L'instauration d'un TR doit faire l'objet d'un bilan clinique et paraclinique préalable (bilan qui inclut une NFS, enzymes hépatiques, hormones thyroïdiennes, bilan rénal...). Sa poursuite sera régulièrement surveillée par la répétition du bilan de départ et le contrôle des taux plasmatiques des médicaments, notamment des sels de lithium. Ces bilans permettent de respecter les contre-indications, les précautions d'emploi et de surveiller la prise régulière du traitement ainsi que le respect de la fourchette thérapeutique pour chaque TR.

Le traitement du TOC bipolaire

L'observation clinique montre que les choses deviennent plus complexes quand le TOC est associé à un trouble bipolaire. Par exemple, le traitement antidépresseur censé soulager le patient de son TOC pourrait être inefficace ou induire des effets adverses, des complications, voire une aggravation du trouble peuvent apparaître, c'est ce qui peut se passer quand il est prescrit sans tenir compte de la bipolarité associée.

➤ Les complications connues des antidépresseurs

La description des complications liées aux antidépresseurs est importante avant de détailler le traitement du TOC bipolaire. Dans ma pratique clinique, depuis plus de vingt ans, je suis amené à me poser plusieurs questions :

- Quelles sont les complications imputables aux antidépresseurs dans le traitement des dépressions ou des troubles anxieux ? Dans quels cas, les molécules dites du « bonheur » peuvent-elles se transformer en molécules de « malheur » ? Ces complications sont-elles en fait des indicateurs d'une bipolarité atténuée discrète ?
- Ces complications surviennent-elles en cas de vulnérabilité préexistante ? Si une vulnérabilité existe, laquelle ? Et comment l'évaluer ?
- Ces complications posent l'indication de molécules plus spécifiques, tels les thymorégulateurs ou stabilisateurs de l'humeur, plus adaptés pour le traitement de la bipolarité. Quel stabilisateur choisir ? Le lithium, thymorégulateur classique, est-il efficace dans le TOC bipolaire ?

Chez les patients bipolaires

Classiquement on impute aux antidépresseurs l'induction chez ces patients de virages maniaques (c'est-à-dire une inversion de la polarité de l'humeur), la levée rapide de l'inhibition dépressive, l'aggravation ou l'induction de pulsions suicidaires, l'augmentation de la cyclicité du trouble, la formation des états dépressifs mixtes, prolongés et/ou réfractaires... Sous cet angle, les virages pharmacologiques représentent des effets adverses ou des complications indésirables. Mais on oublie souvent le fait que l'observation empirique de tels phénomènes adverses (par exemple, virage maniaque) a permis la découverte des antidépresseurs ! Malgré cette réalité historique, peu de données seront ultérieurement consacrées aux phénomènes de virage.

D'autres études ont confirmé que le taux de virages avec antidépresseurs chez les patients bipolaires est multiplié par deux si on compare avec le placebo qui correspond à la fréquence naturelle de survenue d'hypomanie. Mais les virages thymiques liés au traitement antidépresseur ne sont pas reconnus comme tels dans la pratique. Ils sont plutôt décrits comme des passages à l'acte hystériques, voire comme une balade vers la guérison, notamment chez les sujets ayant un trouble dépressif ou anxieux chronique.

Chez les patients anxieux

Le virage thymique avec les antidépresseurs est moins exploré dans les troubles anxieux que dans les dépressions. Néanmoins certains experts ont observé que la présence de traits de personnalité pathologique de type hystérique, narcissique, antisociale ou état limite (borderline) était prédictive de virage thymique chez les sujets anxieux. Ces traits sont souvent des masques trompeurs de bipolarité atténuée ou de cyclothymie.

Notre enquête « ABC-TOC » a montré que les patients atteints de TOC cyclothymique étaient exposés, à un âge plus précoce, aux antidépresseurs à visée anti-TOC sans couverture par thymorégulateur. La réponse au traitement dans le TOC cyclothymique était moins favorable avec une incidence nettement plus élevée de virages thymiques, et des conduites agressives, induits par ces traitements. Peu de patients présentant cette forme de TOC ont été auparavant traités de manière appropriée avec une prise des thymorégulateurs. La fréquence des virages thymiques pour le TOC cyclothymique est de 49 %, dont un tiers des cas avec un virage intense. D'autres cas de TOC bipolaires n'ont pas vécu explicitement ce genre de crises hypomaniaques associées au traitement, mais tout simplement n'ont obtenu aucun bénéfice thérapeutique. Pire, cette résistance peut souvent inciter le clinicien à avoir recours aux doses maximales des antidépresseurs, de combiner plusieurs antidépresseurs, et par conséquent, d'augmenter ainsi les risques potentiels

Dans certains cas, on observe un changement de personnalité sous l'effet des antidépresseurs. Cet effet a été évoqué au sujet de Prozac® par Peter Kramer dans son fameux livre *Listening to Prozac* (traduit maladroitement par *Le Bonheur sur ordonnance*). Un bon nombre de patients obsessionnels ou dysthymiques (sujets souffrant d'une dépression mineure chronique) ont présenté de manière inattendue un bénéfice thérapeutique extraordinaire avec une modification nette et rapide d'un trait de personnalité. Certains critères sont prédictifs de ce genre de réponse au Prozac® :

- histoire de dépression antérieure avec réponse extraordinaire au Prozac® ou à un autre antidépresseur ;
- diagnostic de dépression majeure ou de dysthymie avec des traits de personnalité hypomaniaque ;
- attentes exagérément positives de la part du patient au sujet du traitement, du psychiatre ou de la prise d'un

médicament (croyance déraisonnable sur les bénéfices du traitement) ;
- excellent niveau de fonctionnement global avant l'épisode dépressif ;
- histoire familiale assez chargée avec des troubles dépressifs ou des équivalents génétiques (comme abus d'alcool) ;
- histoire familiale assez forte avec hypomanie (probablement chez les deux parents) ;
- notion chez un membre de la famille d'une réponse extraordinaire de transformation (probablement maniaque) au Prozac® ;
- en bonne santé physique.

Curieux, le terme de « cyclothymie » ne figure pas sur cette liste, alors que les indices de tempérament et les indices familiaux sont assez évocateurs. Par ailleurs, cette liste peut très bien être appliquée à la majorité des antidépresseurs. Mais c'est le succès du Prozac®, premier antidépresseur sélectif de sa famille, qui lui a valu une telle attention !

▶ *Les antidépresseurs peuvent révéler la bipolarité*

Toute complication au cours du traitement antidépresseur doit faire suspecter la présence d'une bipolarité. Les pédopsychiatres qui ont soigné Claire et Alexandre ont négligé cette hypothèse, car la réalité du TOC cyclothymique (ou simplement la cyclothymie) chez les jeunes n'est pas encore admise.

Devant la survenue de ces complications au cours d'un traitement antidépresseur et pas uniquement devant des réactions euphoriques, le clinicien doit penser à un virage de l'humeur et par conséquent rechercher la bipolarité.

Plusieurs études ont révélé que ce phénomène de *switching* (ou virage) témoigne de la présence d'un trouble bipolaire. Récemment, il a été prouvé que les hypomanies exclusivement associées aux antidépresseurs, c'est-à-dire non spontanées, font partie du spectre bipolaire, on les désigne par « trouble BP-III ». En revanche, d'autres experts pensent que l'aggravation clinique par les antidépresseurs est liée à une propriété intrinsèque de ces médicaments. Mais mon expérience clinique confirme plutôt la première hypothèse, même dans les cas de figure atypiques, c'est le cas de Lydie.

Les nouvelles obsessions de Lydie

Certaines complications sont atypiques avec les traitements antidépresseurs et leur origine est incertaine.

J'ai eu connaissance du cas de Lydie quand elle avait 12 ans. Dans le courrier, les parents précisent d'emblée que Lydie souffre d'un TOC difficile et sévère. Il s'agit essentiellement d'un TOC de lavage « au départ c'était un quart d'heure, puis progressivement les rituels de lavage finissaient vers 4 heures du matin ».

Depuis un an, elle est soignée par Anafranil® (100 mg/j). Elle le supporte bien, mais a beaucoup grossi (elle a pris 15 kg en un an et est devenue sensible aux remarques des copains sur son embonpoint). Un traitement avec Prozac® a permis d'obtenir un bon effet sur le TOC de lavage. Pour des raisons mystérieuses, ce traitement sera substitué plus tard par un autre ISRS, le Zoloft®. Elle présente alors une grosse rechute difficile à juguler malgré la prescription d'autres molécules visant à stabiliser l'humeur. La rechute n'a rien à voir avec le premier TOC de lavage. Elle se manifeste par des pensées obsessionnelles méchantes que Lydie n'ose pas raconter à ses parents. Donc après plus de deux ans de traitement avec ISRS, on a assisté dans un premier temps à des résultats positifs sur le TOC (voire une disparition des compulsions de lavage), puis à l'apparition d'obsessions handicapantes sans rituels observables ouverts. L'arrêt total des ISRS et le maintien de la Dépakine® ont permis une rémission clinique progressive. Parallèlement, Lydie est suivie avec une thérapie comportementale (1 séance toutes les 2 semaines). Récemment, mars 2005, j'ai été informé du mariage de Lydie, selon ses proches, sa santé mentale est satisfaisante.

Pour l'instant, il est difficile d'affirmer l'imputabilité de tels phénomènes aux seuls effets des antidépresseurs. Il se peut que cette transformation soit liée à l'évolution naturelle du TOC, il s'agirait donc d'une simple coïncidence. On sait que le tableau clinique du TOC est assez variable dans le temps. Cependant, selon mon expérience clinique, cette transformation symptomatique du TOC n'est pas du tout anodine. C'est un indice assez fiable d'une bipolarité démasquée par l'exposition aux antidépresseurs.

Cette forme de bipolarité, trouble BP-III, est souvent discrète et sporadique, et peu sensible aux effets des sels de lithium. Ce qui signifie que le phénomène de virage soulève un double problème du choix du traitement : quel serait l'antidépresseur idéal, efficace sur le TOC sans induire des hypomanies ou d'autres complications ? Quel traitement thymorégulateur faut-il utiliser, sels de lithium ou anticonvulsivants ?

Quand les molécules du « bonheur »
se transforment en molécules de « malheur »

Guy devenait fou dès les premières prises de Prozac®. La jeune Claire se transformait sous l'effet du Zoloft®, car les soignants, infirmiers et médecins, la décrivaient comme insolente et agressive, alors qu'elle est d'une nature gentille et adorable. Chez Anaïs, les crises de violence se sont intensifiées avec les antidépresseurs donnés seuls. D'autres patients sont passés à l'acte (tentatives de suicide, homicide...) avec des phases d'irritabilité extrême secondaires à une augmentation des doses d'un ISRS. Tous ont, en commun, des réactions péjoratives ou excessives quand ils ont été exposés aux antidépresseurs.

Selon l'enquête ABC-TOC, le groupe de TOC bipolaire a manifesté au cours des traitements antidépresseurs, des comportements agressifs dans 40 % des cas, des idées suicidaires (27 %), une insomnie sévère (27 %), un comportement bizarre (23 %), des idées délirantes et/ou hallucinations (20 %) et idées d'homicide (3 %). Un patient obsessionnel qui va délirer sous traitement sera vite considéré comme un psychotique. S'il présente des conduites bizarres avec une levée d'inhibition et des comportements excentriques, le diagnostic de névrose hystérique (pour une femme) et/ou perversité (pour un homme) est, naturellement, garanti. Parfois le danger consiste à lier ces phénomènes (anxiété, irritabilité, insomnie, agitation) à une insuffisance thérapeutique, les risques sont majorés par une augmentation des doses d'antidépresseurs.

Par ailleurs, les antidépresseurs administrés pour soigner le TOC peuvent induire d'autres phénomènes péjoratifs, comme une accélération des cycles avec plus de récurrence dépressive, une aggravation paradoxale des obsessions-compulsions, une formation d'états dépressifs mixtes où le sujet se sent fatigué avec une agitation interne intense, des pensées pressantes intenables ou des pulsions suicidaires obsédantes.

La rechute de Claire

On a laissé Claire dans le chapitre 3 avec une excellente évolution. Un an plus tard, elle commence à souffrir de nausées et de vomissements matinaux inexplicables. Elle me téléphone pour me dire : « Mon médecin généraliste affirme que c'est le retour du démon, mon TOC. Pour moi, mes nausées n'ont rien à voir avec mon TOC, vraiment aucun rapport. » Quelques semaines plus tard, apparaissent des mouvements spasmodiques des membres et de la tête, comme des crises de spasmophilie, parfois 40 à 50 fois dans une journée. Malgré une hospitalisation en milieu spécialisé, l'évolution se passe mal. Selon les médecins, Claire manifeste très probablement des crises de registre hystérique. Vu sa célébrité depuis son passage à la télé et ses interventions dans les conférences médicales, Claire s'ennuierait et, par conséquent, fabriquerait des crises pour attirer l'attention des autres.

À ce stade, j'ai présumé que le traitement sélectif du TOC, c'est-à-dire le Zoloft®, avait été bénéfique pendant la première année du traitement mais il était probable que ce traitement soit devenu progressivement « toxique » pour elle. Pour tester cette supposition, j'ai recommandé l'arrêt immédiat du Zoloft® et l'augmentation des doses du thymorégulateur qu'elle prenait, le valproate. Au bout d'une semaine, tout est rentré dans l'ordre, et les crises spasmophiliques ont disparu sans lendemain. Quatre ans après cet épisode, Claire est en rémission complète de son TOC et de ces phénomènes insolites et sa cyclothymie est plus stabilisée que d'habitude.

En dépit des années gâchées à cause de l'ignorance de la nature de sa maladie et des complications dues aux divers traitements, Claire est actuellement une jeune adolescente en pleine rémission et en bonne santé. Elle a réussi son bac, à l'âge de 15 ans et demi, avec mention TB, et elle entame des études universitaires.

L'histoire de Claire a été caractérisée par plusieurs étapes et chaque étape par des pièges :
- un long parcours du combattant pour la patiente et sa famille dès l'âge de 2 ans avant d'obtenir un diagnostic de TOC ;
- une amélioration partielle par les antidépresseurs avec des rechutes fréquentes et une mauvaise tolérance ;
- une aggravation clinique après une « bonne » année de répit ;
- l'obtention d'une longue rémission (plus de 4 ans) avec juste un traitement thymorégulateur prescrit à petites doses.

L'exemple de Claire que nous avons cité peut paraître un peu long. Toutefois, des dizaines de patients ont eu connaissance de son cas et ont demandé à se soigner. Certains adultes précisent dans le courrier qu'ils adressent à leur médecin : « *Je souhaiterais avoir le même traitement que Claire.* » Depuis l'autorisation de traiter le TOC à partir de l'âge de 6 ans par la sertraline (Zoloft®), un nombre non négligeable de TOC bipolaires se sont révélés chez les très jeunes patients. Rappelons que bien que la sertraline a apporté des bénéfices énormes chez des jeunes patients obsessionnels, on a rapidement observé des complications fâcheuses, notamment en cas de bipolarité associée au TOC. Si certains médecins ne veulent pas encore y croire (c'est toujours une histoire de croyance en psychiatrie !), au moins que les patients et les parents des jeunes patients en soient avertis. Mais, ce n'est pas toujours facile de le faire.

Voyons maintenant le cas d'Alexandre.

Alexandre a 10 ans quand je l'examine en août 2002, pour une détérioration de son état psychique et physique sous l'effet des ISRS. Alexandre est très faible, assez pâle, victime d'une angoisse extrême qui l'empêche de dormir ou de se détendre dans la journée (« obsédé en permanence par l'idée d'être tué par une bombe cachée sous son lit ou empoisonné par la bouffe à l'école »). De plus, sa formule sanguine présente une anomalie bizarre d'origine mystérieuse ; le taux des globules blancs éosinophiles est de 25 % au lieu de 1-2 %.

À l'entretien, je découvre un jeune garçon adorable avec un regard profond et intelligent. Il répond aux questions avec brio. La mère le décrit comme anxieux, craintif et anormalement sage depuis toujours. Entre 2 et 4 ans, surviennent beaucoup de questions sur la vie et la mort avec des terreurs nocturnes. À l'âge de 3 ans et demi, il apprend seul le jeu de tarots et devient vite un excellent joueur. De 4 à 6 ans, il est toujours anxieux, gentil, raisonnable, se mettant la barre toujours très haute. À l'âge de 5 ans, Alexandre est extrêmement choqué par le décès de son arrière-grand-mère. Il entre alors dans sa phase « mystique » avec des prières à répétition, il cherche dans les encyclopédies et la Bible les origines de la vie. Il a un grand sens de la justice. À l'âge de 6 ans et demi, la mère remarque pour la première fois une attitude bizarre. En faisant ses devoirs, Alexandre ne cesse pas de regarder sous la table. Il s'explique : « Maman, tu sais, ma tête m'oblige de faire des choses que je ne veux pas. » Après deux semaines d'hospitalisation de jour, les craintes de la mère seront confirmées. Ce dont souffre Alexandre est un TOC sévère nécessitant un traitement par ISRS. Le premier fut le Prozac® qui, après un mois, induisit un amaigrissement significatif nécessitant l'arrêt du traitement. Par la suite, il sera mis successivement sous trois antidépresseurs qui tous seront mal tolérés et arrêtés. Enfin, le Zoloft® sera instauré avec une thérapie comportementale. Celle-ci se déroule très bien et une complicité avec le thérapeute a été observée et appréciée par les parents. Pour Alexandre, c'étaient plutôt des moments d'échange et de plaisanterie plus qu'une réelle thérapie. Un an après, une rechute spectaculaire survient avec des angoisses de mort qui nécessitent des doses supérieures de Zoloft®, vu la résistance de ses obsessions. Alexandre fait alors plus de malaises. Il vérifie maintenant la présence de bombes sous le lit, derrière les portes ou chaque objet. Il est épuisé, il pleure souvent, n'a plus envie de jouer.

Le questionnaire de cyclothymie montre un score de 15 (ce qui est largement suffisant pour évoquer la cyclothymie). Une semaine après arrêt de l'ISRS et l'instauration d'un thymorégulateur, le bilan montre une réduction des éosinophiles à 5 % et un gain de poids d'un kilo. L'ISRS n'était pas du tout le bon choix. Il est devenu doublement toxique, psychiquement (aggravation de l'angoisse et des obsessions) et biologiquement (perturbation sévère de la formule sanguine). J'ai revu Alexandre en février 2005, totalement guéri de son TOC et de ses angoisses de mort.

➤ La bipolarité prime sur le TOC pour le choix du premier traitement

Dans les deux derniers cas cités, Alexandre et Claire, c'est le recours à un traitement spécifique de la cyclothymie qui a permis la guérison du TOC et des autres manifestations. La majorité des études scientifiques qui sont actuellement disponibles concernent soit le TOC, soit la bipolarité. Pour l'instant aucune étude n'est publiée sur le TOC bipolaire. L'expérience montre à l'évidence que les cas de TOC bipolaire sont plus sévères et surtout plus difficiles à traiter que les cas isolés de TOC ou de bipolarité.

Bon nombre de psychotropes, comme les nouveaux neuroleptiques et anticonvulsivants qui sont cités dans cet ouvrage, n'ont pas en France d'indication officielle ni dans le TOC ni dans les troubles bipolaires. Officiellement, l'indication de ces molécules est réservée aux troubles schizophréniques et aux épilepsies résistantes. Malgré ces réserves, il convient d'être inventif devant des cas complexes, résistants, candidats à de longues hospitalisations, à des ordonnances complexes (et souvent inutiles), à des cures de sismothérapie ou éventuellement à des interventions directes sur le cerveau (comme la neurostimulation profonde ou les lobotomies sélectives). Le recours à des molécules « originales » est donc entièrement légitime dans ces cas. Leur usage doit être initié par les experts, à condition que les solutions conventionnelles soient respectées en premier lieu et surtout que le « bon » diagnostic soit posé.

➤ *Proposition d'un modèle thérapeutique*

Cela revient à dire qu'on a besoin d'un schéma empirique qui puisse intégrer les connaissances cliniques sur le TOC bipolaire et servir de guide pour son traitement.

Stabiliser les troubles de l'humeur

Ainsi, en admettant que le TOC fasse partie de la cyclothymie, le traitement se doit en premier lieu de stabiliser les troubles de l'humeur. S'il s'agit d'une vraie comorbidité, il conviendrait de soigner les deux troubles. Même dans ce cas de figure, c'est la bipolarité (ou la cyclothymie) qui doit être ciblée en premier lieu. Ma longue expérience dans le traitement des TOC résistants et bipolaires m'a conduit à élaborer un modèle psychopathologique selon lequel la cyclothymie occupe une place en amont du TOC. C'est elle qui alimente le TOC qui, une fois installé, aura le rôle de réduire l'impulsivité et d'aider le sujet à avoir une impression de contrôle sur ses pensées et émotions. Ainsi, selon ce modèle, tout traitement ciblant la cyclothymie aura un effet indirect sur le TOC et tout traitement ciblant le TOC est susceptible d'aggraver la cyclothymie et par la suite le TOC, d'où les risques de complications et de résistance aux antidépresseurs (schéma)

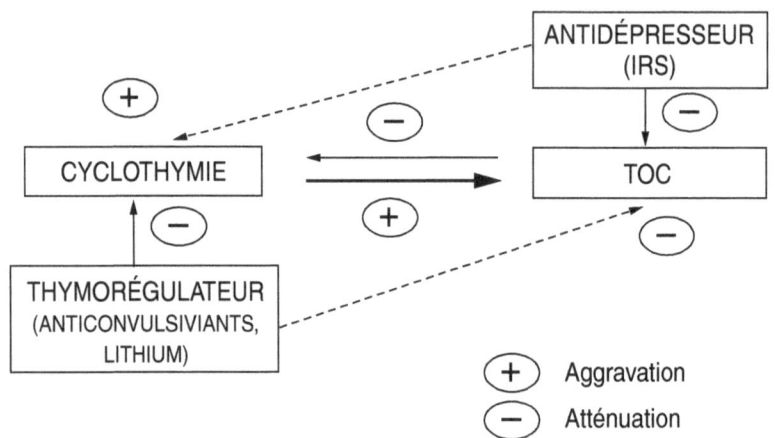

Rapport entre TOC et cyclothymie :
modèle explicatif des traitements

En raison du nombre croissant de patients souffrant de TOC résistant reçus à la consultation hospitalière de Sainte-Anne (entre 1985 et 1995), il était question de tester des traitements susceptibles de potentialiser l'effet des antidépresseurs, notamment la clomipramine (Anafranil®), la fluvoxamine (Floxyfral®) et la fluoxétine (Prozac®), seules disponibles à cette époque. Mes recherches personnelles dans le traitement du TOC bipolaire ont porté, dès la fin des années 1980, sur les molécules dérivées de l'acide valproïque (valpromide, valproate potassique et plus récemment le divalproate). L'intérêt de cette gamme réside, en plus de son efficacité sur les hypomanies, les états mixtes et les cycles rapides, dans son excellente tolérance, la maniabilité de son usage et son effet de potentialisation des autres psychotropes (augmentation de l'effet thérapeutique et/ou réduction des doses). Depuis d'autres anticonvulsivants ont été testés.

LE THYMORÉGULATEUR SEUL A EFFACÉ MES OBSESSIONS

Cette jeune femme de 32 ans, de tempérament et de « genre » artistique, compositrice de musique, consulte pour des obsessions de mort récurrentes. Sous l'effet d'un thymorégulateur, le valpromide (Dépamide®), elle se plaignait d'un état d'excitation, alors que ce psychotrope est censé avoir un effet plutôt sédatif ou au moins calmant. Après une réduction des doses, le valpromide a procuré à la patiente un soulagement presque complet des obsessions, ce qui était totalement inattendu dans le projet de soins car il était prévu qu'après une période d'imprégnation avec le thymorégulateur, un ISRS serait instauré pour combattre le TOC.

Dans les cas de TOC bipolaire jamais traités avec des antidépresseurs, le traitement avec un thymorégulateur seul est susceptible de réduire significativement le TOC, parfois en quelques semaines. Pour comprendre cet effet, deux explications sont envisagées :

- le fait d'intervenir assez tôt pour stabiliser la cyclothymie permet une meilleure efficacité des thymorégulateurs ;
- de plus, si l'on admet que le TOC est une formation secondaire à la cyclothymie, il est possible qu'un traitement précoce de celle-ci puisse empêcher l'installation du TOC ainsi que les autres défenses mises en

place pour contrer l'instabilité émotionnelle, comme les addictions affectives, comportementales et chimiques (*cf.* dernier chapitre « Au-delà du TOC bipolaire »).

Malheureusement, ce mode de réponse favorable à un thymorégulateur prescrit seul ne fonctionne pas pour la majorité des patients atteints de TOC bipolaire. Ils ont régulièrement besoin de combinaisons thérapeutiques, parfois « agressives », avec des associations complexes d'ISRS et de thymorégulateurs et parfois de neuroleptiques. En effet, dans la pratique, on est amené à traiter le TOC bipolaire au stade où les patients sont déjà sous ISRS et le plus souvent d'autres antidépresseurs ont été prescrits depuis des années. C'est pour cette raison que la réponse aux thymorégulateurs va être, plus ou moins, amoindrie. On a pu montrer que les effets des thymorégulateurs sont nettement plus efficaces chez les sujets dépressifs bipolaires quand ils sont « naïfs » vis-à-vis des antidépresseurs. L'idéal serait donc de chercher la cyclothymie et l'hypomanie, indices de bipolarité atténuée, de manière systématique avant de prescrire un traitement anti-TOC. Cette mesure est importante car le traitement conventionnel du TOC doit comporter de fortes doses d'antidépresseurs qui seront prescrites sur une longue durée, au moins sur une période de deux ans. Chercher l'hypomanie et la cyclothymie ne prendra que quelques minutes. Des questionnaires ont été établis et validés dans cet objectif (*cf.* chapitre 3).

Procéder par étapes

Ces propositions pour traiter le TOC bipolaire dérivent essentiellement de mon expérience clinique personnelle. Je dis bien « propositions », car pour l'instant il n'existe pas d'études ouvertes ou contrôlées dans ce trouble (tableau).

Traitement du TOC bipolaire : schéma séquentiel

- **Démarrer un TR avant les ISRS** (pour les patients déjà sous ISRS, possibilité d'ajouter le TR ou parfois arrêt provisoire de l'ISRS).
- **Choisir un TR plus adapté que les sels de lithium** : un thymorégulateur anticonvulsivant (TRAC). Le valproate est le plus utilisé dans ces conditions en première intention. Il est à préférer à la carbamazépine (CBZ), car mieux toléré et surtout il possède un effet potentialisateur des autres psychotropes ; la CBZ est par contre un inducteur enzymatique, ce qui est gênant en cas d'association avec d'autres psychotropes, comme les ISRS ou NL.
- **Attendre 2 à 3 mois avec une monothérapie avec un TR** pour tester l'effet global du TR sur la cyclothymie et éventuellement sur le TOC. Cette phase d'imprégnation avec le TR est capitale pour mieux tolérer l'ajout ultérieur d'un ISRS.
- **Introduire un ISRS si absence d'effet du TR sur le TOC** : choisir un ISRS plutôt que la clomipramine.
- **En cas de non-réponse à la combinaison TR + ISRS** :
  – soit changer d'ISRS, éventuellement substituer par la venlafaxine ;
  – soit combiner l'ISRS avec un neuroleptique de nouvelle génération comme la rispéridone, olanzapine. En cas de tics complexes associés, cette combinaison est idéale ;
  – soit changer le TRAC en essayant les molécules de nouvelle génération comme la lamotrigine, la gabapentine, le topiramate.
- **En cas de réponse positive à la combinaison (TR + ISRS)** : il est recommandé de continuer le traitement le plus longtemps possible. Après un an de stabilisation du TOC, l'ISRS sera progressivement arrêté. En revanche, le TR sera prolongé au long cours, parfois à vie.

TR = thymorégulateur ; TRAC = thymorégulateur anticonvulsivant ; ISRS = inhibiteur sélectif de recapture de sérotonine.

Les neuroleptiques sont-ils nécessaires ?

Le TOC a été longtemps considéré, avant les années 1990, comme un trouble réfractaire et probablement en relation avec une psychose. Cette conception a légitimé l'usage de neuroleptiques (NL) dans son traitement. Habituellement, ces psychotropes sont prescrits dans les troubles psychotiques. J'ai constaté, en effet, qu'un nombre non négligeable de patients obsessionnels reçoivent systématiquement des neuroleptiques même en dehors de tout contexte de psychose associée ou de résistance confirmée aux antidépresseurs. C'est une habitude thérapeutique qui demeure pour l'instant empirique, parfois avec le risque d'induire des effets adverses, comme des phénomènes moteurs du registre parkinsonien ou des dyskinésies tardives, des virages dans le sens dépressif avec parfois des impulsions suicidaires. En fait, l'usage des neuroleptiques doit être limité à des indications bien précises, et la prescription faite selon des critères stricts en termes de dose et de durée, le choix est plutôt en faveur des nouvelles molécules, dites « NL atypiques ». Dans moins de 10 % des TOC en général, on assiste à un passage vers des syndromes délirants où le doute obsessionnel cède la place à une conviction subdélirante ou à des idées obsédantes dites « surinvesties ». Le sujet ne reconnaît plus l'absurdité du contenu et adhère complètement à ses rituels en leur donnant une importance presque « vitale ». Dans ces cas, le recours aux neuroleptiques peut être justifié.

C'est la suite du cas d'Anaïs que j'ai présenté plus haut en parlant de la place de la colère au sein du TOC et de la bipolarité. Anaïs a fait le voyage pour être admise dans un service universitaire parisien. Après trois mois d'hospitalisation, c'est un énorme échec. La mère est complètement désemparée et surtout très peu convaincue de l'utilité du traitement : « Je vide presque un flacon entier d'halopéridol pour lui donner sa dose de 400 gouttes ; mais ma fille n'est pas psychotique et, de plus, je pense que ce traitement ne fait rien sur ses crises. »

J'avais l'ordonnance sous les yeux et j'essayais à mon tour de comprendre la légitimité du traitement actuellement prescrit à cette jeune fille. La résistance du TOC devrait inciter une révision du diagnostic plutôt qu'une augmentation hâtive des doses de médicaments déjà instaurés. Face à un trouble résistant, le réflexe devrait être la révision du diagnostic plutôt qu'un alourdissement du traitement au risque d'induire des effets adverses. La solution est donc dans la clinique !

Et le traitement neuroleptique fut remplacé par un stabilisateur de l'humeur, pour atténuer la cyclothymie ainsi que les crises de violence et de colère, avec un ISRS à dose modérée pour calmer les TOC. Quoi de plus simple : une coprescription adaptée à une comorbidité. Une semaine plus tard, les troubles d'Anaïs ont été nettement réduits.

Bien qu'empirique, l'usage des neuroleptiques peut apporter certains bénéfices dans le TOC. Prescrits seuls, les neuroleptiques ne possèdent aucune activité clinique sur le TOC. C'est dans les cas résistants que certains neuroleptiques, comme la rispéridone ou l'halopéridol, peuvent apporter un supplément d'efficacité si on les ajoute aux ISRS. Cet effet additif a été surtout visible dans les cas ayant une histoire personnelle de tics moteurs complexes. Pour la rispéridone (et non pour les autres NL), son efficacité additive aux ISRS ne semble pas dépendante de la présence de tics complexes. À côté de la rispéridone (Risperdal®), d'autres neuroleptiques de nouvelle génération, comme l'olanzapine (Zyprexa®), la quetiapine (Seroquel®) ou la ziprasidone (Zeldox® ou Geodon® selon les pays), les deux derniers n'étant pas disponibles en France, ont été testés dans le TOC résistant, mais aucune mention n'a été formulée sur le TOC bipolaire. Il est désolant de constater que les experts sont plus attentifs à la « résistance » des troubles qu'à la finesse de la clinique psychiatrique. Récemment l'aripiprazol (Abilify®) vient d'être approuvé en France pour le traitement de la schizophrénie, mais son intérêt dans le traitement des troubles bipolaires est clairement prouvé même avec des doses faibles.

➤ Ne jamais perdre espoir

Chaque clinicien est confronté à des cas difficiles, réfractaires et parfois à des cas « miraculés ».

Vivre plus de vingt-cinq ans avec la même obsession

Mme S. m'a été adressée par son médecin psychiatre, pour un trouble complexe résistant à de multiples traitements psychologiques et pharmacologiques, même à deux cures de sismothérapie (électrochocs). La souffrance accablante de Mme S. peut se résumer en une phrase : « Il y a un homme dans ma tête. » Une expérience apparemment banale vécue à l'âge de 17 ans, croiser un homme dans la rue, va progressivement se transformer en un énorme blocage qui hante l'esprit de Mme S. depuis vingt-cinq ans. Dans une lettre, Mme S. m'explique son trouble : « C'est comme si ma vie s'était arrêtée ce jour-là. Je suis obligée de ne plus penser, donc je n'enregistre pas, je ne lis pas, je n'écris pas, je ne regarde plus la télévision... Ma tête est entièrement prise par cette obsession et tout est concentré sur elle. Je souffre le martyre. En ce moment, je ne vis pas. Je suis comme prise dans un piège éternel. Ce poids m'empêche de réaliser ce que je fais. J'ai souvent pensé à la mort pour faire taire cette souffrance... »

La patiente ne se plaint que d'une seule obsession dominante qui évolue depuis vingt-cinq ans. La thématique sexuelle dominante, la détresse dépressive presque mélancolique (considérée secondaire par les autres psychiatres) me font suggérer le diagnostic probable d'un trouble dépressif mixte (chapitre 4), donc je m'oriente vers la piste bipolaire. En plus, la présence de compulsions pathologiques d'achats (à l'origine de conflits sévères avec le mari) a été un argument supplémentaire. Une admission dans notre service a été envisagée. Lors de cette hospitalisation, Mme S. reçoit une autre cure de sismothérapie, suivie d'un traitement assez « lourd » contenant des neuroleptiques classiques avec un antidépresseur et un thymorégulateur, un mélange qui finit par améliorer son état. Quelques semaines plus tard, on observe une prise de poids spectaculaire, plus de 20 kg, avec un affaiblissement de l'effet positif. Alors j'ai tenté un nouveau traitement, la lamotrigine ou Lamictal®. Il s'agit d'un antiépileptique développé dans les troubles bipolaires depuis 1999 et spécifiquement approuvé dans de nombreux pays (en dehors de la France) dans la prévention des phases dépressives des troubles bipolaires. Dans les semaines qui suivirent ce nouveau traitement instauré en 2000, Mme S. perdit plus de 25 kg et affirma être satisfaite de l'effet du traitement sur son TOC. Plus de quatre ans plus tard, on note le maintien d'une rémission complète de son TOC !

Au cours des cinq dernières années, des dizaines de patients souffrant de TOC cyclothymique ont pu bénéficier des effets des anticonvulsivants, actuellement développés pour soigner les troubles bipolaires. Et même les cas chroniques ayant souffert sur de longues périodes, parfois plus de vingt ans, ont de bonnes chances de s'en sortir. Il ne faut jamais perdre espoir !

Les cas complexes et réfractaires nous poussent constamment à traquer de nouvelles stratégies. Dans le « TOC résistant », on recense des essais avec des molécules diverses, comme le tryptophane à fortes doses (c'est un précurseur de la sérotonine), les perfusions de clomipramine à fortes doses, le pindolol (un bêta-bloquant testé dans la dépression résistante), le tramadol (un puissant antalgique)... Des antiparkinsoniens et des antipsychotiques atypiques sont testés dans la dépression bipolaire, mixte ou réfractaire. Une autre piste, qui paraît des plus prometteuses pour la cyclothymie, est celle des *acides gras oméga 3*. Il s'agit de dérivés naturels qui pour des raisons économiques ont été remplacés dans l'industrie alimentaire par les oméga 6 et 9. Dans les pays développés, il existe un lien significatif entre le déficit en oméga 3 et l'incidence des troubles bipolaires. Les oméga 3 ont récemment fait preuve d'efficacité dans la dépression résistante et surtout dans les troubles bipolaires. Avec le recul, il apparaît que l'apport en oméga 3 agit sur les facteurs de résistance ou d'intolérance aux traitements de la dépression et de la cyclothymie et non directement sur les troubles.

En plus des psychotropes, il existe des solutions plus « agressives », comme la sismothérapie (ou ECT) et la psychochirurgie (ou les lobotomies ciblées, comme la cingulotomie antérieure ou la capsulotomie bilatérale). Actuellement, c'est la stimulation cérébrale profonde qui fait l'objet d'une recherche sérieuse dans les TOC réfractaires. Récemment, la Haute Autorité de Santé a rédigé un rapport sur le thème « TOC résistants : prise en charge et place de la neurochirurgie fonctionnelle[1] ».

---

1. Ce document est disponible sur le site Internet de la HAS (www.has-sante.fr).

La NSP ou neurostimulation profonde n'est pas une véritable nouveauté, car les techniques anciennes de lobotomie et de stimulation stéréotaxique ont prouvé une certaine efficacité dans le TOC. Selon certaines études ayant analysé les conséquences des lobotomies, il semble que le TOC soit le trouble mental qui ait le plus bénéficié de ces techniques, elles seront largement décriées et deviendront taboues après l'arrivée des psychotropes. Des données neurophysiologiques ont montré qu'on pourrait obtenir le même résultat de destruction neuronale avec la technique de la stimulation. Cette technique sur le long cours n'entraîne pas de destruction cérébrale, ses effets sont réversibles, et par conséquent c'est une technique qui convient aux cas ROC. Elle a récemment été testée dans les cas de Parkinson résistant. Les bénéfices de la NSP dans deux cas souffrant de TOC associé à un Parkinson ont été suffisants pour relancer la machine recherche de l'Inserm et de certaines universités. Il suffit de lire les articles dans la presse qui ont fait écho de ce résultat. Mais, en France, on est déjà en retard par rapport à la Suède, la Belgique et l'Allemagne, en ce qui concerne ces techniques de stimulation.

N'en déplaise aux neurochirurgiens et aux psychiatres « conservateurs », la clinique doit rester la source de toutes les décisions. En fait, les premiers ne voient dans le TOC que des mouvements complexes anormaux (comme les tics et le Parkinson) et les derniers ne considèrent pas, pour l'instant, le TOC comme une maladie, mais simplement un « symptôme » lié à un conflit inconscient ! Vous imaginez une seconde le « cocktail » des deux opinions. Quel goût amer pour les patients qui vont trinquer !

Le recours à la neurostimulation doit être normalement et logiquement indiqué, une fois que l'ensemble des « recettes » thérapeutiques du TOC difficile ou résistant a été essayé.

En discutant avec des responsables de l'Aftoc, nous étions convaincus qu'il fallait inclure la recherche systématique du TOC bipolaire dans le bilan clinique des cas déclarés ROC. De plus, on aurait aimé que ces techniques de stimulation visent également la stabilisation de l'humeur, dans les cas bipolaires mixtes réfractaires aux psychotropes disponibles.

Je suis inquiet quant au décalage qui existe actuellement entre les experts « scientifiques » et ceux qui nient encore la validité du TOC, du spectre bipolaire et surtout de la connexion entre les deux. L'insuffisance des connaissances va certainement conduire à des malentendus graves, notamment pour les patients et leur entourage. Je rappelle seulement à mes collègues, qu'ils soient analystes de l'inconscient ou stimulateurs du cerveau, que les patients obsessionnels n'ont pas besoin d'un surplus de doute. Nier la comorbidité bipolaire, c'est nier leur souffrance. Les précipiter vers la NSP pour une résistance « douteuse » n'est pas non plus une attitude « saine ». Pire, la présenter comme un remède miracle ou la dernière cartouche, serait comme précipiter les malades vers le désespoir en cas d'intolérance ou d'échec. De plus, rien n'est prouvé au sujet de son efficacité dans les TOC résistants !

Pour appuyer ce climat de doute autour du TOC et la NSP, on peut lire sur le web une pétition, signée par des psychanalystes et des représentants de la Fédération psychiatrique française, qui s'élèvent contre l'avis favorable du CCNE pour cette technique. Cette pétition déclare : « Le sigle TOC regroupant un ensemble de signes et de symptômes répétitifs ne désigne ni un syndrome ni une maladie propre... Sans oublier notre devoir d'accompagnement et d'apaisement de la souffrance du patient, prendre le symptôme pour la maladie représente un glissement épistémologique dangereux... On ne peut nier les échecs des thérapeutiques somatiques et comportementales. » Curieux ! dans ma pratique avec des centaines de patients souffrant de TOC, j'ai constaté que c'est la psychanalyse qui a fait des ravages aux patients obsessionnels ! Ces cliniciens qui défendent l'intérêt du sujet dans sa globalité, la conservation de l'intégrité corporelle ainsi que l'« art médical » n'ont rien compris au TOC. On ne peut qu'admirer ces mots quand ils sont déballés sur le papier ; mais je vous assure que la réalité des patients dont il est question est loin de ces mots, loin de la psychopathologie intelligente et efficace, loin de l'art médical !

Il n'est plus acceptable qu'en 2005 des experts continuent de nier la présence de troubles comme le TOC ou la bipolarité en les considérant comme des sigles.

➤ *La place des psychothérapies*

Comprendre et analyser un trouble mental ou organique est par essence et avant tout un moyen et jamais un but en soi. En psychiatrie, le but du traitement est d'apporter au patient un état de rémission prolongée avec un rétablissement de son fonctionnement psychosocial. Prendre en compte le sens et le poids des facteurs psychodynamiques est une étape que personne n'ose critiquer, mais, avant cette démarche, il convient toujours de savoir poser un diagnostic et par la suite d'apporter au patient des traitements, médicamenteux et/ou psychologiques, qui ont fait preuve d'efficacité. Ne pas respecter la « vraie » nature clinique de la souffrance du sujet, c'est déjà ne pas respecter le sujet, c'est comme si on mettait en doute l'authenticité de son trouble. Le priver des traitements officiellement approuvés par des autorités internationales est contraire au principe fondamental de la médecine qui signifie « apporter au patient les meilleurs soins approuvés pas la science ». Cette réflexion ne concerne pas seulement le TOC et la bipolarité, mais l'ensemble des troubles psychiatriques.

Le moment de la thérapie pour le TOC

Pour les sujets atteints de TOC bipolaire, le traitement doit être avant tout biologique. Une stabilisation de la cyclothymie est nécessaire pour faire bénéficier le patient d'une thérapie spécifique l'aidant à mieux gérer son TOC. La thérapie cognitive comportementale (TCC) représente actuellement la thérapie la mieux adaptée et la plus spécifique dans la prise en charge du TOC. Elle est idéalement recommandée en première intention dans les cas de sévérité modérée et en cas d'intolérance (ou d'échec) aux antidépresseurs. Elle est fortement indiquée dans le TOC bipolaire, car elle permet d'éviter le recours aux antidépresseurs.

La thérapie cognitive comportementale (TCC) représente actuellement la thérapie la mieux adaptée et la plus spécifique dans la prise en charge du TOC. On dispose de dizaines d'études contrôlées qui ont validé l'efficacité de la TCC dans le traitement du TOC. Deux techniques sont particulièrement efficaces : l'exposition *in vivo* et la prévention des rituels (EPR). Pour connaître les techniques et les applications au quotidien de la TCC dans le TOC, je recommande la lecture du livre du Dr Alain Sauteraud, *Je ne veux plus me laver, compter, vérifier* (Odile Jacob).

Malgré sa légitimité et son efficacité, la TCC est d'emblée refusée ou mal tolérée par une partie non négligeable de patients souffrant de TOC bipolaire. Tant que leur état émotionnel et comportemental n'est pas stabilisé, il est difficile d'obtenir l'adhésion du patient à des méthodes psychologiques nécessitant une participation active et une certaine discipline. Pour cela, je recommande que dans un premier temps l'objectif primaire soit une stabilisation affective et comportementale avec une sélection médicamenteuse adaptée au TOC bipolaire. Cette phase peut s'étaler sur une période de quelques semaines ou mois, au cours de laquelle je propose progressivement des consignes inspirées de la TCC. À ce stade, il ne s'agit pas de mettre en place une TCC selon les règles habituelles. Ce sont plutôt des mesures pédagogiques, comme expliquer ce qu'est le TOC, et des recommandations d'hygiène comportementale, comme encourager le sujet à inverser ses habitudes liées au TOC en limitant autant que possible les rituels et les conduites d'évitement.

Les différentes psychothérapies dans les troubles bipolaires

Les experts des psychothérapies tentent actuellement d'adapter et de valider des approches non médicamenteuses pour la bipolarité et la cyclothymie. Tout le monde sait qu'il est impossible de stabiliser une bipolarité sans avoir recours aux médicaments. C'est un trouble par essence endogène et biologique. D'autre part, l'observance de la prise de psychotropes au long cours requiert impérativement un suivi psychologique pertinent et efficace. La majorité des sujets bipolaires ont vraiment besoin des deux traitements. Cependant, la majorité des thérapies disponibles (comme les thérapies cognitives et interpersonnelles) sont plutôt adaptées à la dépression unipolaire. Parmi les méthodes préconisées, on peut citer la thérapie cognitive, la thérapie interpersonnelle, la thérapie familiale, la thérapie de couple, la thérapie des rythmes sociaux. Cependant, psychothérapie, information, contrat thérapeutique, persuasion, coercition, thérapie familiale, groupes lithium, etc. ont été, pour l'instant, adaptés uniquement au trouble BP-I, c'est-à-dire à la forme la plus intense et psychotique de la bipolarité, et il n'existe presque rien pour le trouble BP-II ou la cyclothymie.

La thérapie cognitive est pour l'instant la plus étudiée, car elle est efficace et adaptée dans les dépressions sévères ou résistantes. Trois études cliniques ont montré des effets positifs, avec des bénéfices surtout visibles sur l'adhésion du patient à son traitement, la prévention des récidives dépressives, et le fonctionnement du sujet entre les épisodes bipolaires.

La thérapie peut être également focalisée sur la famille avec au programme une information des parents sur la maladie bipolaire, une amélioration de la communication entre le patient et son entourage et une aide à la solution des problèmes intrafamiliaux. Des bénéfices sont observés sur les épisodes dépressifs et maniaques, avec un retard significatif des délais de réhospitalisations psychiatriques. Cette thérapie est indiquée notamment dans les cas où l'on observe chez les parents un niveau élevé de critique et d'engagement émotionnel vis-à-vis du patient bipolaire.

À côté de ces deux thérapies, d'autres sont actuellement à l'étude, comme la thérapie des rythmes sociaux (SRT). Ce programme propose une régulation des comportements au quotidien : durée du sommeil, heure du réveil, rythme des repas, des activités personnelles nécessaires et de loisir, des contacts sociaux...

Son application en association avec une approche interpersonnelle, TIP (thérapie orientée sur les zones de conflits relationnels actuels comme le deuil, les disputes, les transitions de rôle social, les déficits relationnels) a été testée avec ou sans les thymorégulateurs, chez des sujets bipolaires. La combinaison des deux thérapies « SRT + TIP » n'était efficace que sur les phases dépressives de la bipolarité. En revanche, la meilleure prophylaxie contre les récidives était observée dans le groupe qui a reçu tout au long du protocole des thymorégulateurs.

La majorité de ces méthodes vise à aider le patient à connaître l'identité de son trouble, à gérer au mieux les situations émotionnelles instables et surtout les conséquences sociales et professionnelles induites par les « hauts » et les « bas ». La meilleure méthode est celle qui sera capable d'assurer le niveau optimal d'observance des traitements stabilisateurs de l'humeur. Par exemple, une étude a montré que le délai moyen de prise du lithium après la sortie de l'hôpital était de 60 jours, alors qu'on sait que la durée minimale du traitement d'un épisode est au moins de 6 mois ! De plus, un traitement prophylactique au long cours est nécessaire dans la majorité des cas. La réussite du traitement des troubles bipolaires ne pourra jamais se faire sans un diagnostic le plus précis possible. Une explication claire et complète, livrée au sujet et à sa famille (après consentement du patient), de la nature du trouble, une alliance « patient-médecin » qui va garantir l'observance des traitements, habituellement prescrits au long cours. La psychothérapie devrait dans la mesure du possible agir sur les facteurs psychosociaux ayant un impact négatif sur l'évolution et les rechutes : les facteurs familiaux (émotion fortement exprimée), les habitudes, les facteurs cognitifs et le mauvais sommeil. Les objectifs atteignables sont de soigner les épisodes dépressifs (faire l'économie des antidépresseurs), retarder les rechutes et améliorer la qualité de fonctionnement entre les épisodes.

➤ *Ce que je recommande à mes patients*

Quelle que soit la thérapie qui sera choisie, il existe des recommandations que j'applique à tous mes patients souffrant d'un TOC bipolaire.

Comprendre sa maladie

Autant il est aisé pour le patient de considérer les rituels et les obsessions comme de vrais symptômes de maladie, autant il est difficile de faire accepter à un sujet bipolaire que les moments de forte émotion, de bien-être, d'énergie... sont les témoins d'une maladie. Il convient donc de prendre tout son temps pour expliquer correctement la nature et les aspects variés de la bipolarité. Cette étape est capitale pour comprendre ce qui se passe dans l'esprit et les émotions, notamment pour pouvoir connecter les phases hypomaniaques avec les phases dépressives et surtout limiter les conséquences négatives de l'instabilité dans la vie sociale, familiale et professionnelle.

Il est aussi recommandé de faire lire aux patients et aux proches des livres concernant le trouble bipolaire. Pour l'instant, le nombre d'ouvrages est un peu limité par rapport à d'autres troubles comme la dépression, l'anxiété, le TOC. J'espère que cet ouvrage apportera, à son tour, une aide aux sujets victimes du TOC et de bipolarité.

Prévenir les phases d'excitation

« Tout ce qui monte doit un moment donné descendre ! » C'est une formule souvent utile pour lier l'hypomanie à la dépression. Pour tout le monde, la dépression, sans aucun doute, est une maladie. L'hypomanie, au contraire, peut être même socialement prescrite et valorisée. Il convient d'aider le patient à repérer les « grands pics » et à déceler l'impact péjoratif de l'hypomanie sur le fonctionnement psychosocial et professionnel. Il est difficile de faire accepter aux patients bipolaires que les phases hypomaniaques font partie d'un trouble. Une fois qu'on a goûté à l'hypomanie, on est comme « touché par le feu ». Les expériences répétées avec des moments « où ils décollent vers le haut » vont conditionner les sujets à fonctionner, profiter, conclure, réussir... L'hypomanie est souvent vécue par les patients comme un moment « fort et spécial » permettant au sujet de revivre, faire aboutir un projet difficile, vaincre une timidité ou simplement compenser les moments de dépression qui d'ailleurs sont plus longs et durables que les moments hypomaniaques. Il n'est pas étonnant que certains patients en deviennent dépendants.

Un de mes premiers patients atteints de TOC était un médecin chez qui la clomipramine eut un grand succès pour soulager sa souffrance obsessionnelle (période 1986). Quelque temps, plus tard, surviennent des épisodes d'excitation hypomaniaques avec, en plus, une absence totale de libido dont le malade ne s'est jamais plaint. En fait, c'était l'épouse, médecin aussi, qui m'appelait fréquemment pour savoir ce que je donnais comme médicament à son époux et s'il y avait des antidotes. À l'époque, on n'avait pas le Viagra® qui s'avère un des meilleurs antidotes pour ces effets secondaires. Toutefois, ce patient a finalement décidé de ne pas arrêter son traitement, au risque de divorcer. Son argument était simple : « Toute ma vie avant a été bousillée par cette saloperie de TOC. Maintenant que je suis guéri, je veux revivre sans cette contrainte, même si je paie cher cette guérison : plus de sexe, plus d'épouse ! » De plus, accroché aux moments fugaces d'hypomanie, il refusait systématiquement toute suggestion pour instaurer un traitement stabilisateur de l'humeur. Ah, les médecins, sont les plus difficiles à soigner !

Dans un récent travail, on a réussi à montrer que l'hypomanie comporte, en fait, deux dimensions principales : une dimension « soleil » : dormir peu et se sentir en pleine forme, plus de projets, moins de timidité... et une autre « sombre avec des conduites à risque » : conduite imprudente, plus de consommation d'alcool, plus d'irritabilité et de troubles de l'attention, gestion hasardeuse des affaires... Ce travail a, par ailleurs, permis de montrer que le niveau de la dimension « soleil » sépare de manière nette les dépressifs bipolaires des unipolaires. En revanche, la dimension « sombre » est capable de différencier au sein du groupe bipolaire les sujets avec cyclothymie. Le niveau de l'hypomanie « sombre » est le plus élevé dans le groupe BP-II 1/2, c'est-à-dire le sous-groupe cyclothymique. Je prends toujours soin de rappeler aux patients bipolaires que tout n'est pas négatif dans leur cyclothymie ou leurs accès hypomaniaques. Pour cela, j'ai une formule : « Votre faiblesse est votre force et *vice versa.* » Je crois que c'est la formule qui illustre au mieux la nature bipolaire et surtout qui permet de préciser au patient l'ultime objectif du traitement « se connaître pour mieux vivre avec sa bipolarité et surtout en dégager la meilleure partie ». Prendre des médicaments n'est pas un objectif en soi, ni une punition. Certains pensent qu'à cause de leur bipolarité, ils sont condamnés à se soigner à vie ! Non, les médicaments ne sont utiles que pour aboutir à l'objectif ultime : « savoir vivre avec sa bipolarité » et réduire au maximum le côté sombre de cette maladie.

Respecter une certaine hygiène de vie

Parler d'hygiène, c'est évoquer plutôt une meilleure santé qu'une atténuation d'un trouble désigné. En effet, améliorer la santé n'est pas tout à fait synonyme d'agir sur les symptômes. Ces deux objectifs doivent être complémentaires, et non exclusifs l'un de l'autre. Il faut avoir un sommeil de bonne qualité et de durée suffisante, et surtout éviter les privations répétées de sommeil et être vigilant en cas de décalage horaire important. De plus il est important de réduire au maximum l'apport d'alcool et des stimulants ordinaires (même l'apport du café et du chocolat doit être modéré), d'éviter autant que possible les activités stressantes, de gérer au mieux les conflits interpersonnels. Le style de vie des sujets avec des traits cyclothymiques ou hyperthymiques comporte plus de circonstances qui favorisent l'éclosion des rechutes : séparations, relations affectives instables (aventures nombreuses, divorce), hypersexualité impulsive, abus de stimulants, voyages et déplacements (décalages horaires, déracinement), privation répétée de sommeil (rythmes sociaux excessifs, acharnement au travail). Au total, il s'agit de comprendre les ponts qui lient le tempérament du sujet avec son style de vie, les situations stressantes ou à risque et les rechutes dépressives ou maniaques. Ces configurations doivent être intégrées dans les thérapies proposées. Certaines thérapies tiennent compte de ces règles en les intégrant dans des psychothérapies plus ou moins standardisées.

Les patients bipolaires n'aiment pas les programmes de soins trop rigides ou basés sur le mode scolaire. De même, les soins trop désorganisés ou improvisés ne sont pas souhaitables. En effet, la majorité des patients bipolaires souhaitent accéder à un état de sérénité stable, mais une sérénité pas trop « lissée, banale ou rigide ». Les patients bipolaires aiment et apprécient qu'on tienne compte de leur opinion sur le traitement et sur les autres éléments de leur prise en charge. Toute dérogation à ce point sera soldée par un malaise, un manque de confiance vis-à-vis des soignants, une pénalité, un refus d'adhérer aux soins...

Connaître son propre tempérament

Ce point très important mérite d'être exploré et adapté dans les thérapies. Pour l'instant, le concept des tempéraments affectifs est négligé en psychologie. Dans mon expérience, connaître (et faire connaître) la nature des tempéraments est capital pour la réussite du projet thérapeutique.

Côté thérapeute, son attitude doit tenir compte de la nature tempéramentale du patient. Par exemple, il est impossible d'imposer quoi que ce soit à un sujet hyperthymique et il est préférable de négocier avec lui. En revanche, un sujet de tempérament dépressif a besoin d'être soutenu, stimulé, avec des consignes claires. Sa tendance à être conformiste et suiveur peut faciliter l'acceptation des conseils du thérapeute. Parfois, c'est une exécution presque obsessionnelle et perfectionniste de ce qu'on lui demande de faire. Avec les sujets cyclothymiques, le thérapeute devrait s'habituer à une relation en quelque sorte chaotique et instable. Pour les tempéraments irritables, il y a beaucoup de pièges à éviter, notamment développer des jugements moraux péjoratifs vis-à-vis du patient qui risquent d'aliéner la relation médicale. L'important est de retenir l'idée que le traitement doit s'adapter au tempérament affectif. Il est impossible de rester neutre avec les patients bipolaires. Le traitement doit être en phase avec la nature des patients, vivant, et jamais ennuyeux. Cette recommandation pour le thérapeute s'applique également à l'entourage proche des patients.

Côté patients, il est recommandé de mieux saisir les traits de leur propre tempérament, ce qui n'est point une tâche facile. En fait, contrairement aux épisodes thymiques et aux manifestations du TOC, le tempérament représente, pour le sujet sa nature et non une maladie. En ce qui concerne le TOC bipolaire, ma tâche est d'aider le sujet à identifier les traits cyclothymiques, mesurer (ou dessiner) les mouvements de son humeur et de son activité, comprendre les liens de ses « hauts/bas » avec le TOC et les autres manifestations anxieuses, notamment l'anxiété de séparation et la sensibilité excessive au rejet. Cette tâche me paraît actuellement plus facile avec des réunions de groupes de patients cyclothymiques.

Ces recommandations sont nécessaires pour amener le sujet à comprendre la complexité de son trouble et à adhérer aux consignes thérapeutiques. De manière répétée et régulière, il est important de discuter avec le patient de sa façon de prendre et de penser les médicaments. Les patients ont besoin régulièrement de motivation (lier la prise de pilules aux buts positifs et désirables), de stratégies (intégrer la prise des pilules avec les styles de routine), de pense-bêtes... L'idéal est que le patient arrive à s'approprier son traitement en devenant en quelque sorte son propre thérapeute ou à faire équipe avec le(s) soignant(s). De plus, il convient qu'il soit entraîné pour détecter les signes prémonitoires des rechutes ou récidives, ce qui donne la possibilité d'agir précocement pour les diminuer. En d'autres termes, il ne faut jamais laisser le patient dans un état de passivité vis-à-vis de l'identité de son trouble et des traitements.

Conclusions et perspectives

À l'heure où j'écris ces lignes, des centaines de milliers de patients anxieux et dépressifs bipolaires restent non détectés, incorrectement diagnostiqués ou traités par des antidépresseurs seuls ou de longues psychothérapies non spécifiques. Le délai moyen entre le début du TOC et son diagnostic est de douze ans. Le sort des troubles bipolaires est presque identique à celui du TOC. Un constat s'impose : il est urgent de rendre à la psychiatrie sa fondation principale, la clinique. Clinique, classifications, diagnostics, nouvelle sémiologie prenant en compte l'évolution et les tempéraments de base, recherches, études, partenariats avec le malade et l'entourage sont les voies incontournables du respect mutuel entre les psychiatres, les patients et leurs proches.

Repenser la clinique

À une époque où le nombre et la fréquence des troubles mentaux augmentent à une vitesse vertigineuse, entraînant des prescriptions et des consommations de psychotropes parfois chaotiques, voire dangereuses, il s'avère utile de s'interroger sur notre façon de penser la clinique. On a l'impression que la psychiatrie actuelle a réussi à séparer l'homme de son trouble et certains défendent le retour à une psychiatrie qui soigne l'homme et non un trouble. Quelle que soit la légitimité de cette démarche (je crois que personne ne peut être contre), elle ne doit en aucun cas remplacer l'approche clinique, garante d'un diagnostic « correct » et « complet », intégrant la sémiologie fine des troubles avec les tempéraments. La dépression n'est qu'une façade pour les troubles anxieux et les autres troubles, qui reçoivent les mêmes traitements, les antidépresseurs. Elle est également la façade la plus trompeuse de la bipolarité. Le TOC a permis dans cet ouvrage de dévoiler une partie cachée de la bipolarité. Mais ce n'est qu'une partie ! La même démarche s'applique à bien d'autres troubles anxieux, comme le trouble panique et la phobie sociale, les troubles addictifs, les troubles des conduites alimentaires et les troubles multiples de contrôle des impulsions. Est-ce le début de l'histoire moderne de la bipolarité ou un retour vers les origines de cette maladie ? Faut-il de nouveau passer par les travaux de Kraepelin, Baillarger, Falret, Khan, en allant même jusqu'aux médecines les plus anciennes, comme celles d'Avicenne ou Hippocrate ? Celles-ci étaient basées sur les tempéraments et les remèdes étaient spécifiquement adaptés au tempérament de chaque sujet. Je suis convaincu que la recherche la plus sophistiquée de génétique moléculaire et la découverte de nouveaux remèdes pharmacologiques seront plus plausibles et utiles avec un tel retour vers les origines, un retour à la clinique psychologique globale de l'Homme.

Les maladies invisibles

Dans un ouvrage original, *Shadow Syndromes*, Ratey et Johnson ont listé un ensemble de troubles qu'on peut qualifier d'invisibles comme la dépression masquée, la pathologie de l'exaltation (ou les troubles bipolaires atténués), la colère explosive intermittente, les déficits de l'attention et la pathologie du « surplus » qui regroupe le TOC, les addictions et les anxiétés... La fréquence actuelle de ces troubles est revue à la hausse car ils sont aujourd'hui mieux diagnostiqués.

En médecine, les seuils utiles pour définir un trouble sont constamment réévalués en vue d'un meilleur dépistage et d'une connaissance correcte de la globalité d'une maladie donnée. Malheureusement, les diagnostics établis de TOC ou de bipolarité correspondent à des cas de sévérité et de chronicité assez prononcées.

Un retour en arrière, vers le XIXe siècle, montre à l'évidence que les psychiatres pionniers en France ont déjà évoqué la maladie des obsessions, les dérèglements de l'humeur à double forme et circulaires, ainsi que les formes combinant les deux. Certains vont plus loin pour affirmer que les deux maladies ont des causes univoques ! Aujourd'hui, il importe de mieux connaître et surtout de dépister ces troubles invisibles. Ce besoin est d'autant plus grand quand il s'agit de reconnaître et repérer les cas où deux troubles invisibles cohabitent chez le même sujet. En effet, il suffit de négliger la présence d'un trouble pour que le diagnostic final soit incomplet ou incorrect.

Il est nécessaire d'accepter la réalité des maladies « invisibles » et d'informer le corps médical et le grand public de leurs nouveauté clinique, épidémiologique afin de donner des conseils adaptés au patient et à son entourage, de proposer des soins adéquats et de dessiner les voies conduisant (ou rapprochant) le patient vers la guérison. Le « patient » doit pouvoir avancer en partenaire, il doit se sentir compris pour se battre efficacement.

Les psychotropes et les maladies

L'évolution des idées en psychiatrie paraît encore plus lente quand elle est confrontée avec la vitesse galopante du développement des psychotropes et leurs usages en pratique. Les ISRS, ou antidépresseurs sélectifs sur la sérotonine au niveau du cerveau, sont des médicaments qui sont censés au départ soigner les épisodes dépressifs. Mais la machine psychotrope ne s'est pas limitée à ce diagnostic. En effet, on comptabilise plus de 40 maladies (ou syndromes) qui sont actuellement traitées par (ou susceptibles de recevoir) des ISRS ; mais, dans cette liste, la moitié est potentiellement de nature bipolaire !

La prescription des antidépresseurs est actuellement à la portée de tous les médecins spécialistes et généralistes. C'est une des avancées les plus spectaculaires de la psychopharmacologie moderne qui a permis le traitement efficace d'un grand nombre de troubles psychiques, l'amélioration de la qualité de vie des patients, la baisse des complications liées à la dépression et la réduction de la morbidité et de la mortalité suicidaire. Toutefois, il est nécessaire de bien connaître leurs limites et d'anticiper les conditions dans lesquelles ces traitements risquent d'être nocifs et d'induire des effets contraires aux buts thérapeutiques.

Comme toute histoire à succès, il existe une antihistoire ou une histoire de l'antisuccès. Au premier abord, il est assez étonnant de voir autant de maladies répondre à une seule famille de psychotropes, les ISRS. Les psychotropes sont-ils aveugles car ils ne tiennent pas compte des classifications des troubles mentaux ? Dans son ouvrage *L'Ère des antidépresseurs*, David Healy écrit : « Quand nous nous arrêtons à la pharmacie pour acheter notre Prozac®, achetons-nous seulement une drogue ou aussi une maladie ? » Avec les médicaments à grands succès, des concepts prennent une autre tournure. Par exemple, un médicament à succès peut créer une maladie qui lui est propre, « *son propre déficit* ». Un retour aux années 1960-1970 fait constater l'explosion de la consommation d'une benzodiazépine anxiolytique, le Valium®, qui a été caricaturée, à l'époque, par la présence probable d'un « *déficit endogène de Valium®* ». Dans les années 1980-1990, les experts désignaient le phénomène galopant des ISRS en parlant des sujets ou patients souffrant d'un « *déficit endogène de Prozac®* » ou mieux d'un « *déficit en sérotonine* ». Je ferai le pari que la décennie à venir sera bipolaire. Elle annoncera le début d'une nouvelle maladie, « *déficit endogène de Dépakote®* » (médicament le plus vendu aux États-Unis dans le traitement des phases maniaques du trouble bipolaire) et bientôt « *déficit endogène de Lamictal®* » ou d'autres médicaments récemment développés dans le traitement de la dépression bipolaire. Mais depuis les années 1970, on avait les sels de lithium, traitement spécifique des troubles bipolaires, mais jamais on n'a évoqué le syndrome de « *déficit endogène de lithium* » !

Chaque époque a ses habitudes, ses angoisses, ses troubles, surtout sa manière de soigner et ses recettes. Après l'anxiété flottante (ou névrose d'angoisse de Freud et l'explosion des ventes d'anxiolytiques), c'était le tour de la dépression et de l'ensemble des troubles ou phénomènes répondeurs aux ISRS, qui vont bientôt laisser la place à la bipolarité avec son territoire élargi. On a ainsi l'impression que l'évolution se fait en partant de l'extrême visible (anxiété-angoisse-stress) à l'extrême invisible (cyclothymie), en passant par le moyennement visible, la dépression.

Regarder le futur à travers le passé

Dans sa « philosophie » d'approche et ses méthodes classiques, la psychiatrie se focalise sur le passé du patient. À force de chercher le « pourquoi » des troubles, on perd le réflexe de décrire le « comment » de la maladie mentale. Des conflits inconscients, des traits de personnalité, des facteurs d'environnement familial prennent souvent le dessus au détriment de la nature des diagnostics.

Appliquer cette psychiatrie, c'est ignorer les phénomènes évolutifs du trouble en question et parfois négliger les solutions pharmacologiques destinées à soulager l'état morbide actuel dont souffre le sujet. Toutefois si l'accès au passé du patient aide le médecin à comprendre son trouble, ce n'est ni nécessaire ni suffisant pour le soigner. On ne le répétera jamais assez : comprendre n'est pas synonyme de soigner. Comprendre est un moyen pour soigner et jamais un objectif médical en soi, cela peut même être dangereux pour les patients bipolaires. L'idéal serait de combiner les deux : soulager le patient tout en tenant compte des facteurs qui ont pu contribuer à la genèse de son trouble, son passé doit être exploré en vue d'anticiper le futur évolutif de son trouble. Identifier une bipolarité discrète derrière le TOC est une étape fondamentale pour anticiper l'évolution et estimer les différents potentiels de rechutes et de risques avec les traitements psychotropes. L'exploration de la bipolarité ne peut se faire sans connaître le passé du sujet. Elle ne sera jamais complète sans l'évaluation des tempéraments affectifs, sans l'accès à sa réactivité endogène, donc à sa nature, à son « empreinte émotionnelle ».

Une telle exploration du passé va permettre au clinicien de préparer une prescription « intelligente » qui d'une part soulagera les épisodes majeurs actuels (dépression, TOC et autres troubles) et d'autre part protégera le sujet contre les rechutes en assurant un long traitement prophylactique. Cela a été la clé de réussite du traitement pour Sophie, Claire, Valentine, Lydie, Alexandre, Guy, Christine, Hari, Coralie, Robert, Mme S. et tant d'autres patients, jeunes ou adultes. L'exploration ciblée de leur passé révélant la nature du tempérament affectif a orienté les choix des traitements qui se sont révélés capables de maintenir les patients dans un état de rémission prolongée et de « bonne » santé mentale.

J.-P. Falret disait, dans ses leçons cliniques en 1854 : « La maladie n'est qu'une série d'événements complexes que l'observateur doit présenter sous leur véritable jour, dans leur ordre de succession et filiation naturel et entourés de toutes les circonstances au milieu desquelles ils se sont produits. » Une théorie, quelle que soit son importance, ne peut être défendue au détriment de l'évolution et la souffrance.

Ces réflexions deviennent, à mon sens, extrêmement importantes quand il s'agit de sélectionner et d'adapter un traitement psychotrope : choisir une molécule ou plusieurs, adapter les doses, et surtout fixer la durée du traitement en cas de bonne réponse. Le traitement du TOC bipolaire ou cyclothymique doit envisager le futur des patients car la comorbidité de manière générale retarde la récupération du sujet. De plus, elle augmente le risque de chronicité en cas de traitement insuffisant et celui de rechutes en cas d'arrêt prématuré du traitement. Chronicité, rechutes et récidives sont les mots-clés de l'avenir des sujets anxieux et/ou dépressifs. Les troubles de l'humeur sont naturellement destinés à une évolution cyclique. Les premiers épisodes se déclarent à la suite d'une interaction entre la disposition endogène du sujet et son environnement (stress, traumatismes ou autres événements négatifs). Par la suite, les épisodes ultérieurs seront précipités par des événements de plus en plus mineurs, voire sans aucun événement. C'est comme si chaque épisode sensibilisait le sujet à d'autres épisodes jusqu'à arriver au stade d'une évolution autonome du trouble avec des phases complexes où les rechutes sont multiples, les cycles rapides, et la rémission partielle ou impossible à obtenir. Le défi thérapeutique serait donc de freiner ces phénomènes de sensibilisation avec les traitements les plus adaptés.

C'est ma rencontre avec le professeur Tobie Nathan, célèbre expert en ethnopsychologie, qui a nourri cette réflexion sur le devenir des patients souffrant de troubles mentaux. Selon lui les guérisseurs et les psychiatres africains ont compris l'importance des « recettes » et du « devenir » des patients. Parler de recettes, faire un diagnostic « original » (en mettant le doigt sur ce qui fait mal), adopter une démarche thérapeutique simple (prenez ce comprimé et revenez dans un mois) sont des approches qui peuvent ressembler à celles des guérisseurs. C'est l'attitude que j'ai l'habitude d'appliquer avec les patients complexes et résistants. On peut aussi dire qu'on n'a rien inventé depuis. La formule « chimique » a probablement changé. On ne fait qu'affiner les méthodes de soins, mais au fond, on répète les approches de nos ancêtres les plus lointains.

Les malades souffrant de troubles complexes et comorbides ont besoin de se situer dans leur souffrance. Il leur faut donc un « cadre » qui délimite au mieux sa nature. Ils n'ont pas besoin d'être jugés ou analysés au départ, inutile de rendre les choses plus complexes qu'elles ne le sont. C'est une façon de leur donner d'emblée confiance en eux-mêmes avec une bonne dose d'espoir.

La recherche et l'avenir des patients

L'avenir des patients difficiles, complexes et résistants dépend beaucoup de la recherche qui doit être guidée par la clinique pour regrouper les données éparses sur un gène, une protéine, un récepteur, une zone du cerveau, une fonction cognitive, l'effet thérapeutique d'un nouveau psychotrope... afin de mieux connaître le trouble mental. Par exemple, les modèles de simulation en génétique suggèrent l'implication complexe d'au moins 12 à 16 gènes pour expliquer le substratum putatif de la bipolarité. Dans ces modèles, chaque gène muté, pris isolément, ne sera pas pathologique, mais plutôt corrélé à un comportement (par exemple la prise de risque, un appétit spécial aux stimulants), une fonction (par exemple le contrôle des horloges biologiques, la modulation d'une émotion ou d'une fonction physiologique simple). Les chercheurs doivent se rapprocher des patients et collaborer avec leurs associations sur un mode de respect et d'échange pour définir les besoins et les zones d'ombre concernant la maladie et surtout la gestion des cas complexes et résistants. Les traitements, comme on l'a vu, sont lourds pouvant aller jusqu'à la neurostimulation profonde.

Tenant compte de la lenteur de la propagation des idées nouvelles dans le monde médical et de l'évolution galopante des psychotropes et des autres approches biologiques, il convient donc de travailler avec constance et pugnacité pour avancer vers la diminution de la fréquence des maladies invisibles en développant de nouvelles approches.

- La première d'entre elles est l'échange des connaissances en favorisant les partenariats avec les malades et leur entourage.
- Partenaire, le malade doit d'emblée être considéré comme l'interlocuteur incontournable et le meilleur expert du ressenti. Il apporte les éléments primordiaux pour le diagnostic et l'évolution de la maladie. On ne soigne pas une maladie, on soigne un malade atteint d'une maladie. Nuance ! Bien que le traitement soit fondé sur le diagnostic, c'est l'attitude du médecin envers son patient qui va créer le respect de la personne.
- Partenaire, le malade n'est pas seul au monde (à moins de le lui faire croire en ne l'informant pas sur sa maladie). Il peut intégrer une association, avec son entourage qui souffre également en temps réel, au quotidien et a également le droit de savoir et comprendre.
- Partenaire, le patient doit être partie prenante des travaux de recherche. Les associations peuvent développer avec les experts, des études et des recherches comme cela a été fait pour les enquêtes « ABC-TOC » et « TOC & ROC ».

Le malade avale ! Il avale des médicaments ainsi que nos conseils, nos idées, nos hypothèses et conceptions sur sa maladie, il a donc le droit de savoir, il a le droit d'en parler. Il doit être respecté et écouté avec considération pour améliorer sans cesse les bénéfices de la prise en charge et la recherche.

Remerciements

- Je rends hommage à Gilbert Ballet, j'aurais aimé qu'il soit avec nous en 2002, cent ans après sa première publication sur les « obsessions au sein des formes atténuées de la psychose périodique », pour assister aux résultats confirmant ses idées pionnières sur les rapports entre obsessions et bipolarité.
- Je remercie les experts internationaux qui m'ont guidé et avec qui j'ai pu collaborer, notamment le professeur Hagop Akiskal (Université de San Diego), le professeur Jules Angst (Université de Zurich), et mon ami le professeur Giulio Perugi (Institut psychiatrique de Pise).
- Je remercie mes patients qui m'ont appris beaucoup de choses sur leur souffrance (et continuent à le faire), l'Aftoc, et notamment ses présidents successifs, Mmes Agnès Lecarpentier et Isabelle Barrot et Christophe Demonfaucon.
- Enfin, je tiens à remercier mes parents qui m'ont certainement transmis *via* leurs gènes et leur éducation, des éléments de bipolarité et de TOC. Je crois avoir reçu les gènes de ténacité, de persévérance et de prise de risque de mon père. Ce livre lui est dédié, il s'est

éteint à un âge assez jeune, en 1985, l'année où j'ai commencé mes recherches sur le TOC. Ma mère, toujours en vie au Liban m'a transmis l'empathie et le respect envers les personnes atteintes d'une maladie mentale, c'est ce qu'elle a appris de sa propre souffrance.
– Je remercie Caroline Chaine pour la relecture attentive de ce manuscrit.

ANNEXE

Aftoc, une association active

En 1992, l'Aftoc ou Association française de personnes souffrant de troubles obsessionnels compulsifs, est née en France sous l'initiative d'un jeune patient, Marc Lalvée. En 1997, l'Aftoc se voue spécialement aux TOC avec la création d'une association parallèle pour le syndrome de Gilles de la Tourette (maladie des tics complexes). Depuis sa création, environ 6 000 sujets ont adhéré.

Une des missions principales de l'Aftoc est de diffuser les informations sur le TOC. Elle publie un bulletin, *Le Nouvel Obsessionnel*. Elle a cumulé de nombreuses actions auprès des patients et de leurs familles avec la création des groupes de parole et de soutien. De même, l'association informe le public par l'intermédiaire des médias. Des centaines d'actions ont déjà été entreprises dans les magazines, à travers les émissions de radio et télévision. L'information sur le TOC concerne également les médecins spécialistes, généralistes et scolaires. Pour cela, l'Aftoc a participé à des dizaines de conférences locales, nationales et internationales. Elle travaille également en étroite collaboration avec des experts, pour promouvoir, soutenir et anticiper toute action ou travail de recherche. Enfin, elle tente de défendre les intérêts et les droits des adhérents en difficulté. Une de ses réussites majeures a été d'obtenir l'application de la loi du « tiers temps supplémentaire » pour les jeunes patients atteints de TOC (c'est-à-dire avoir un tiers de temps de plus pour passer les contrôles et les examens).

Ma collaboration au sein de l'Aftoc, depuis sa création, a été (et est toujours) une formidable expérience enrichissante et fructueuse. Un des produits de cette collaboration a été la mise en place des enquêtes comme « ABC-TOC » et « TOC & ROC ». Les résultats de ces enquêtes ont fait l'objet d'une dizaine de publications dans les journaux médicaux les plus prestigieux en France et aux États-Unis.

Coordonnées de l'AFTOC,
Association française des personnes souffrant de troubles obsessionnels compulsifs :
12, route de Versailles, 78117 Chateaufort.
Tél/fax : 01 39 56 67 22
E-mail : aftoc@fr.st
Site : http://www.aftoc.fr.st

Références

AKISKAL H.S., « The distinctive mixed states of bipolar I, II and III », *Clin. Neuropharmacol.*, 1992 ; 15 : 632-633.

AKISKAL H.S., HANTOUCHE E., ALLILAIRE J.F. *et al.*, « Validating antidepressant-associated hypomania (BP-III) : systematic comparison with spontaneous hypomania (BP-II) », *Journal of Affective Disorders*, 2003, 73 : 65-74.

AKISKAL H.S., HANTOUCHE E., ALLILAIRE J.F., « BP-II with and without cyclothymia : "Dark" and "Sunny" expressions of soft bipolarity », *Journal of Affective Disorders*, 2003, 73 : 49-57.

ALLILAIRE J.F., HANTOUCHE E., SECHTER D. *et al.*, « Fréquence et aspects cliniques du trouble BP-III dans une étude multicentrique française : EPIDEP », *Encéphal*, 2001, 27 : 149-158.

ANGST J., DOBLER-MIKOLA A., « The Zurich study, VI : A continuum from depression to anxiety disorders ? », *Eur. Arch. Psychiatry and Neur. Sc.*, 235, 179-186, 1985.

ANGST J., MERIKANGAS K.R., PREISIG M., « Subthreshold syndromes of depression and anxiety in the community », *J. Clin. Psychiatry*, 1997 ; 58 (suppl. 8) : 6-10.

ANGST J., « Emerging epiemiology of hypomania and Bipolar II disorder », *J. Affect Disord.*, 1998 : 50 : 143-151.

ANGST J., HANTOUCHE E., « The epidemiology of minor bipolar disorder and hypomania : new territory », *in* « Hypomania », E. Vieta (ed), *Bibliotecas Aula Médica*, 2002: 13-31 (in Spanish).

ANGST J., GAMMA A., ENDRASS J., HANTOUCHE E., GOODWIN R., AJDACIC V., EICH D., ROSSLER W., « Obsessive-compulsive syndromes and disorders : significance of comorbidity with bipolar and anxiety syndromes », *Eur. Arch. Psychiatry Clin. Neurosci.*, 2005, fév. ; 255 (1) : 65-71.

ANGST J., ADOLFSSON R., BENAZZI F., GAMMA A., HANTOUCHE E., MEYER T.D., SKEPPAR P., VIETA E., SCOTT J., « The HCL-32 : Towards a self-assessment tool for hypomanic symptoms in outpatients », *J. Affect Disord.*, 2005, août, 25.

AZORIN J.M., HANTOUCHE E., « Évaluation de la manie : de la recherche à la pratique », *Annales médico-psychologiques*, 2001 ; 159 : 1-9.

BENAZZI F., AKISKAL H.S., « Delineating BP-II mixed state in the ravenna-San Diego collaborative study : the relative prevalence and diagnostic significance of hypomanic features during major depressive épisodes », *J. Affect. Disord.*, 2001 ; 67 : 115-122.

BREGGIN P.R., *Talking Back to Prozac : What Doctors aren't Telling You About Today's Most Controversial Drug*, St Martin's Paperbacks, New York, 1995.

CHEN Y.W., DILSAVER S.C., « Comorbidity for obsessive-compulsive disorder in bipolar and unipolar disorders », *Psychiatric Res.*, 59, 57-64, 1995.

CIALDELLA P., « Le concept de comorbidité psychiatrique », *PRID – La Lettre*, n° 5, nov. 1999.

COTTRAUX J., *Les Ennemis intérieurs*, Odile Jacob, Paris, 1998.

DEMONFAUCON C., HANTOUCHE E., « Autobiogravure d'Albrecht Dürer : l'humeur, la règle et le compas », *Synapse*, 2002, 189, (nov.) : 5-9.

DEMONFAUCON C, HANTOUCHE E., « Autour de la comorbidité entre TOC et trouble bipolaire : historique et enquêtes récentes », *Nervure*, décembre 2001, tome 14 : 9-15.

DEMONFAUCON C., HANTOUCHE E.G., « Approche dimensionnelle des rapports entre TOC et bipolarité : interactions entre émotivité, impulsivité et lenteur, place fondamentale de la symétrie », *Synapse*, novembre 2001, 180 : 31-40.

DEMONFAUCON C, HANTOUCHE E, GERARD D., « Resistant obsessive compulsive disorder (ROC) : predictive factors and links with soft bipolarity », poster presented at the 6th International Bipolar Conference, Pittsburgh, juin 2005.

ELFENBEIN D., *Living with Prozac and Other SSRIs : Personal Accounts of Life on Antidepressants*, Harper, SanFrancisco, 1995.

FAVA M., ROSENBAUM J.F., PAVA J.A. et al., « Anger attacks in unipolar depression ; clinical correlates and response to fluoxetine treatment », *Am. J. Psychiatry*, 1993 ; 150 : 1158-1168.

FIEVE R.R., *Moodswing*, Revised and expanded edition, William Morrow, New York, 1989.

FREEMAN M.P., MCELROY S.L., « Clinical picture and etiologic models of mixed states », *Psychiatr. Clin. North Am.*, 1999 ; 22 : 535-546.

GELLER B., DELBELLO M.P., *Bipolar Disorder in Childhood and Early Adolescence*, Guilford Press, New York, 2003.

HANTOUCHE E.G., CHIGNON J.M., ADES J., « Échelle de dyscontrôle comportemental : validation et résultats préliminaires », *Encéphale*, 1992 ; 18 : 163-170.

HANTOUCHE E., BOUHASSIRA M., LANCRENON S. et al., « Prévalence des troubles obsessionnels compulsifs dans une large population française de patients consultant en psychiatrie », *Encéphale*, 1995 ; 21 : 571-580.

HANTOUCHE E., BOURGEOIS M., « Troubles obsessionnels compulsifs (TOC) *versus* syndromes obsessionnels-compulsifs (SOC) », *Annales médico-psychologiques*, 1995 ; 153 : 314-25.

HANTOUCHE E., « Les troubles bipolaires atténués ou type II » in *Les Troubles bipolaires de l'humeur*, Bourgeois M., Verdoux H. (eds), Masson, Paris, 1995 : 83-95.

HANTOUCHE E., BOURGEOIS M., BOUHASSIRA M. *et al.*, « Aspects cliniques des Troubles obsessionnels compulsifs : Résultats de la phase 2 de l'enquête nationale française », *Encéphale*, 1996 ; XXII : 255-263.

HANTOUCHE E., LANCRENON S., « Typologies cliniques modernes des troubles obsessionnels compulsifs », *Encéphale*, 1996 ; XXII (suppl. 1) : 9-22.

HANTOUCHE E., AKISKAL H.S., « Troubles bipolaires précoces et tempéraments affectifs prébipolaires », *Ann. Med. Psychol.*, 1997 ; 155 : 481-496.

HANTOUCHE E. G., LANCRENON S., BOUHASSIRA M. *et al.*, « Évaluation répétée de l'impulsivité dans le TOC lors d'un suivi naturalistique prospectif de 12 mois », *Encéphale*, 1997 ; 23 : 83-90.

HANTOUCHE E., BOURGEOIS M., BOUHASSIRA M., « Syndrome de lenteur obsessionnelle : vérification des données de la littérature dans une cohorte de 643 patients obsessionnels », *Annales médico-psychologiques*, 1997 ; 155 : 361-369.

HANTOUCHE E., « Addictions et compulsions : similitudes conceptuelles », *Psychologies Pratiques*, 1997 ; 4 : 25-36.

HANTOUCHE E., AKISKAL H.S., LANCRENON S. *et al.*, « Systematic clinical methodology for validating bipolar-II disorder : data in mid-stream from a French national multi-site study (EPIDEP) », *J. Affect. Dis.*, 1998, tome 50 : 163-173.

HANTOUCHE E., BOUHASSIRA M., LANCRENON S., « Suivi prospectif sur une période de 12 mois d'une cohorte de 155 patients souffrant d'un TOC : Phase III de l'enquête nationale DRT-TOC », *Encéphale*, 2000 ; 26 : 75-83.

HANTOUCHE E., « Syndrome de lenteur obsessionnel (SLO) : nature, fréquence et influence sur l'expression clinique et la réponse au traitement dans le TOC », *Annales médico-psychologiques*, 2000, 158 : 33-42.

HANTOUCHE E., KOCHMAN F., AKISKAL H.S., « Évaluation des tempéraments affectifs : version complète des outils d'autoévaluation », *Encéphale*, 2001 ; 27 (Sp III) : 24-30.

HANTOUCHE E., ANGST J., LANCRENON S. *et al.*, « Dépistage du TOC en médecine générale : résultats de l'étude "AR-TOC" », *Revue du Praticien – Médecine générale*, 2001 ; 15 (536) : 931-936.

HANTOUCHE E., AKISKAL H.S., « Les Tempéraments affectifs », chapitre 20, in *Les Troubles de la personnalité*, (Féline, Guelfi, Hardy), Flammarion, Médecine-Sciences, 2002.

HANTOUCHE E., ANGST J., KOCHMAN F. *et al*, « Structure factorielle des obsessions-compulsions : résultats dans une population de 3 500 patients dépistés en médecine générale », *Annales médico-psychologiques*, 2002 ; 160 : 25-33.

HANTOUCHE E., GUITTON B., « Les troubles bipolaires de l'humeur », *Quotidien du Médecin, Cahiers FMC*, 18-19 mars 2002.

HANTOUCHE E.G., AKISKAL H.S., DEMONFAUCON C., BARROT I., KOCHMAN F., MILLET B., LANCRENON S., ALLILAIRE J.F., « Bipolarité cachée dans le TOC : enquête collaborative avec l'association française des personnes souffrant de TOC », *Ann. Méd. Psychol.*, 2002, 160 : 34-41.

HANTOUCHE E.G., DEMONFAUCON C., ANGST J., PERUGI G., ALLILAIRE J.F., AKISKAL H.S., « Trouble obsessionnel-compulsif cyclothymique : caractéristiques cliniques d'une entité négligée et non reconnue », *Press Méd*, 2002, 31 : 644-648.

HANTOUCHE E.G., KOCHMAN F., DEMONFAUCON C., BARROT I., MILLET B., LANCRENON S., AKISKAL H.S., « TOC bipolaire : confirmation des données dans deux populations de patients adhérents *versus* non adhérents à une association », *Encéphale*, 2002, 28 : 21-28.

HANTOUCHE E., ANGST J., AKISKAL H. S, « Factor structure of hypomania : interrelationships with cyclothymia and soft bipolar disorders », *Journal of Affective Disorders*, 2003, 73 : 39-47.

HANTOUCHE E., ANGST J., DEMONFAUCON C., PERUGI G., AKISKAL H.S., « Cyclothymic OCD : a distinct form ? », *Journal of Affective Disorders*, 2003 ; 75 : 1-10.

HANTOUCHE E., DEMONFAUCON C., KOUKOPOULOS A., « Le TOC est-il un état mixte ? Historique et modèles », *Synapse*, 2004.

HANTOUCHE E., AKISKAL H.S., LANCRENON S., CHATENET-DUCHENE L., « Mood stabilizer augmentation in apparently "unipolar" MDD : predictors of response in the naturalistic French national EPIDEP study », *J. Affect Disord.*, 200, fév. ; 84 (2-3) : 243-9.

HANTOUCHE E., AKISKAL H.S., « Bipolar II *vs.* unipolar depression : psychopathologic differentiation by dimensional measures », *J. Affect Disord.*, 2005, fév. ; 84 (2-3) : 127-32.

HEALY D., *Le Temps des antidépresseurs*, Les Empêcheurs de Penser en Rond, Le Seuil, Paris, 2002. (*The Antidepressant Era*, Harvard University Press, 1997.)

HEALY D., *Let Them eat Prozac : the Unhealthy Relationship Between the Pharmaceutical Industry and Depression*, New York University Press, New York, 2004.

HIMMELHOCH J.M., COBLE P., KUPFER D.J. et al, « Agitated psychotic depression associated with severe hypomania : a rare syndrome », *Am. J. Psychiatry*, 1976 ; 133 : 765-771.

JAMISON K.R., *An Unquiet Mind : A Memoir of Moods and Madness*, Knopf, New York, 1995.

KOCHMAN F., FERRARI P., HANTOUCHE E., AKISKAL H.S., « Les troubles bipolaires chez l'adolescent » in *Actualités en psychiatrie de l'enfant et de l'adolescent*, Pierre Ferrari *et al.*, Flammarion – Médecine-Sciences, 2001 ; chapitre 28 ; 282-290.

KOCHMAN F., HANTOUCHE E., « Le trouble obsessionnel-compulsif chez l'enfant » in *Actualités en psychiatrie de l'enfant et de l'adolescent*, Pierre Ferrari *et al.*, Flammarion – Médecine-Sciences, 2001 ; chapitre 20 : 214-221.

KOCHMAN F., HANTOUCHE E., MILLET B. *et al.*, « TOC et bipolarité atténuée chez l'enfant et l'adolescent : résultats de l'enquête "ABC-TOC" », *Neuropsychiatrie Enfant et Adolescent*, 2002 ; 50 : 1-7.

KOCHMAN F.J., HANTOUCHE E.G., FERRARI P., LANCRENON S., BAYART D., AKISKAL H.S., « Cyclothymic temperament as a prospective predictor of bipolarity and suicidality in children and adolescents with major depressive disorder », *J. Affect Disord.*, 2005, mar ; 85 (1-2) : 181-9.

KOUKOPOULOS A., FAEDDA G., PROIETTA R. *et al.*, « Un syndrome dépressif mixte », *Encéphale*, 1992 ; 18 : 19-21.

KOUKOPOULOS A., « Agitated depression as a mixed state and the problem of melancholia », *Psychiatr. Clin. North Am.*, 1999 ; 22 : 547-564.

KRAMER P., *Listening to Prozac*, Viking, New York, 1993.

KRUGER S., COOKE R.G., HASEY G.M., JORNA T., PERSAD E., « Comorbidity of obsessive-compulsive disorder in bipolar disorder », *J. Affect Disord.*, 34, 117-120, 1995.

KRUGER S., BRAUNIG P., COOKE R.G., « Comorbidity of obsessive-compulsive disorder in recovered inpatients with bipolar disorder », *Bipolar Disord.*, 2 (1), 7, 1-4, 2000.

MALLET L., MESNAGE V., HUETO J.L. *et al.*, « Compulsions, Parkinson's disease and stimulation », *Lancet*, 2001 ; 301 : 1302-1304.

MARNEROS A., « Origin and development of concepts of bipolar mixed states », *J. Affect Disord.*, 2001 ; 67 : 229-240.

NORDEN M.J., « Beyond Prozac : Brain toxic lifestyles, natural antidotes and new generation antidepressants », *Regan Books*, HarperCollins, New York, 1996.

PERUGI G., AKISKAL H.S., PFANNER C. *et al.*, « The clinical impact of bipolar and unipolar affective comorbidity on OCD », *J. Affect Disord.*, 1997 ; 46 : 15-23.

PERUGI G., AKISKAL H.S., GEMIGNANI A., PFANNER C., PRESTA S., MILANFRANCHI A., LENSI P., RAVAGLI S., MAREMMANI I., CASSANO G.B. « Episodic course in obsessive-compulsive disorder », *Eur. Arch. Psychiatry Clin. Neurosci.*, 248, 240-244, 1998.

PERUGI, G., AKISKAL, H.S., RAMACCIOTTI, S., NASSINI, S., TONI, C., MILANFRANCHI, A., MUSETTI, L., « Depressive comorbidity of panic, social phobic and obsessive-compulsive disorders re-examined : is there a bipolar connection ? », *J. Psychiat. Res.*, 33, 53-61, 1999.

PERUGI G., TONI C., AKISKAL H.S., « Anxious-Bipolar comorbidity : diagnostic and treatment challenges », *The Psychiatric Clinics of North America*, 22 (3), 565-583, 1999.

PERUGI G., TONI C., FRARE F., TRAVIERSO M.C., HANTOUCHE E.G., AKISKAL H.S., « OCD-bipolar comorbidity : a systematic exploration of clinical features and treatment outcome », *J. Clin. Psychiatry*, 2002 ; 63 : 1129-1134.

RATTEY J.J., JOHNSON C., *Shadow Syndromes*, Pantheon Books, New York. 1997.

SPITZER R.L., « Psychiatric "co-occurrence" ? I'll stick it with "comorbidity" », *Clin. Psychol. Sci. Prac.*, 1994 ; 1 : 88-92.

STAVRAKAKI C., VARGO B., « The relationships of anxiety and depression : a review of literature », *Br. J. Psychiatry*, 149, 7-16, 1986.

SWANN A.C., BOWDEN C.L., MORRIS D. *et al.*, « Depression during mania », *Arch. Gen. Psychiatry*, 1997 ; 54 : 37-42.

SWARTZ C.M., SHEN W.W., « Is episodic obsessive compulsive disorder bipolar ? A report of four cases », *J. Affect Disord.*, 56, 61-66, 1999.

TYRER P., « Comorbidity or consanguinity ? », *Br. J. Psychiatry*, 1996 ; 168 : 669-671.

WITTCHEN H.U., ESSAU C.A., « Comorbidity and mixed anxiety-depressive disorders : Is there epidemiologic evidence ? », *J. Clin. Psychiatry*, 1993 ; 54 (suppl. 1) : 9-15.

WITTCHEN H.U., « Critical issues in the evaluation of comorbidity of psychiatric disorders », *Br. J. Psychiatry*, 1996 ; 16 (suppl. 30) : 9-16.

Table

Introduction
LA DOUBLE FOLIE

La comorbidité en psychiatrie 10
Ma triple histoire avec la « double folie » 12
Des patients « triplement punis », l'histoire de Claire 14
    Le TOC commence à 2 ans (14) ; Le premier médicament est prescrit à 7 ans (15) ; Dix mois d'hospitalisation sans résultat entre 10 et 12 ans (17)
La grande valse de l'épidémiologie psychiatrique 19
Il est nécessaire de mettre un nom sur la souffrance 20

Chapitre premier
LE TOC, UNE MALADIE SOUVENT INVISIBLE

Le TOC, une maladie que l'on cache 23
    Les obsessions et les compulsions (25) ; Ce qui n'est pas un TOC (27) ; Comment classer les TOC ? (30) ; Évaluer l'intensité du TOC (38)
Les TOC sous-estimés 38
    Un diagnostic retardé (39) ; Rechercher le TOC dans l'anxiété résistante au traitement (45) ; Le TOC, une maladie à redécouvrir (46)

Chapitre 2
LA BIPOLARITÉ, UNE NOUVELLE MALADIE ?

De la psychose maniaco-dépressive
aux troubles bipolaires 49
Les épisodes bipolaires 51
   L'épisode dépressif (52) ; L'épisode maniaque (54) ; L'hypomanie : une question de sévérité ? (57) ; Les états mixtes (59)
Des épisodes aux troubles 60
   Caractériser l'épisode actuel (60) ; Rechercher les manifestations persistantes mineures (61) ; Établir un diagnostic complet (62)
Le trouble bipolaire, une ou plusieurs maladies ? 64
   Un épisode maniaque, le trouble BP-I (66) ; Une dépression majeure avec des hypomanies, le trouble BP-II (67) ; Une dépression majeure avec cyclothymie, le trouble BP- II 1/2 (69) ; Une dépression avec un épisode de (hypo)manie après un traitement antidépresseur, le trouble BP-III (72) ; Une dépression hyperthymique, le trouble BP-IV (73)
Les troubles bipolaires juvéniles 74
La fréquence réelle des troubles bipolaires 76

Chapitre 3
L'ASSOCIATION TOC-TROUBLES BIPOLAIRES

À la découverte du « double mal » 81
   L'histoire de Sophie (81) ; Le Prozac® me rendait fou ! (82) ; Avec mon TOC, j'ai fait dix tentatives de suicide (84) ; Je suis esclave de mes obsessions et des sautes d'humeur (86)
Comment rechercher l'association
TOC-troubles bipolaires ? 93
   Pourquoi le TOC bipolaire est-il resté méconnu ? (94) ; Les TOC sont plus faciles à diagnostiquer que les hypomanies et la cyclothymie (95) ; Rechercher le TOC au sein des troubles de l'humeur (96) ; Rechercher les troubles de l'humeur au sein du TOC (97)

Réapprendre le TOC avec son « ABC » 101
   La cyclothymie aggrave le TOC (104) ; Quand suspecter un TOC bipolaire ? (111) ; Proposition d'une typologie du TOC (114)

Les enjeux du TOC bipolaire 116
   La suite du fabuleux destin de Claire (116) ; Quand le TOC se présente comme une psychose (119) ; Quand le TOC tue (121) ; Les antidépresseurs chez les jeunes, entre succès et procès (124)

Le temps perdu pour le TOC bipolaire 127

Chapitre 4
COMPRENDRE LES LIENS ENTRE LES TOC
ET LES TROUBLES BIPOLAIRES

La comorbidité en psychiatrie 134
   Comorbidité actuelle ou séquentielle (134) ; Les pièges de la comorbidité (135) ; Les modèles de comorbidité (138)

Ce que la psychanalyse a ignoré 149
   Les obsessions selon Freud (149) ; La psychanalyse de Jeanne ne l'a pas guérie (153)

Le TOC bipolaire appartient-il à un modèle connu ? 158
   Impulsif puis compulsif : une conséquence « logique » (158) ; La cyclothymie domine le TOC (161) ; Une maladie unique ? (162) ; Un facteur causal commun ? (163) ; Une comorbidité pronostique (164) ; La cooccurrence vient-elle des gènes de nos parents ? (166)

Comprendre le TOC à travers la bipolarité 168
   Le TOC serait-il une variante de la dépression bipolaire mixte ? (168) ; La connexion bipolaire des troubles apparentés aux TOC (173) ; Le regroupement des troubles en superfamilles (178)

La clinique des tempéraments 180
   Les tempéraments affectifs (180) ; Le tempérament influence le TOC (185) ; Les tempéraments affectifs dans les TOC résistants (190)

Chapitre 5
TRAITER LES TOC BIPOLAIRES

Le traitement du TOC 193
  Les ISRS sont le traitement de référence (193) ; L'impact de la comorbidité sur les effets des traitements (194) ; La dépression associée au TOC (195)

Le traitement des troubles bipolaires 196
  La phase maniaque (197) ; La phase dépressive (198) ; Le traitement au long cours (199)

Le traitement du TOC bipolaire 199
  Les complications connues des antidépresseurs (200) ; Les antidépresseurs peuvent révéler la bipolarité (203) ; La bipolarité prime sur le TOC pour le choix du premier traitement (210) ; Proposition d'un modèle thérapeutique (211) ; Ne jamais perdre espoir (218) ; La place des psychothérapies (223) ; Ce que je recommande à mes patients (228)

Conclusions et perspectives 235
  Repenser la clinique (235) ; Les maladies invisibles (237) ; Les psychotropes et les maladies (238) ; Regarder le futur à travers le passé (240) ; La recherche et l'avenir des patients (243)

Remerciements 247

Annexe : Aftoc, une association active 249

Références 251

Ouvrage publié
sous la responsabilité éditoriale de Caroline Chaine

Cet ouvrage a été transcodé et mis en pages
chez Nord Compo (Villeneuve-d'Ascq)

Cet ouvrage a été imprimé
en novembre 2010 par

FIRMIN-DIDOT

27650 Mesnil-sur-l'Estrée
N° d'édition : 7381-1611-3
N° d'impression : 102663
Dépôt légal : janvier 2006

Imprimé en France